Hofbauer / Risz

EXAMEN IM SPLITTERGRABEN

Friedl Hofbauer
Herbert Risz

Examen im Splittergraben

Ein Tagebuch der letzten Kriegswochen in Erinnerungen, Dokumenten und Interviews

Herder
Wien · Freiburg · Basel

Satz und Druck: Stiepandruckgesmbh & Co. KG,
2544 Leobersdorf, Hirtenberger Straße 31
Umschlaggestaltung: Endre Fáy
Bestellnummer: ISBN 3-210-24.901-6

DIESES BUCH IST DENJENIGEN
GEWIDMET, DIE NICHT GEFRAGT
WERDEN, WENN WELTGESCHICHTE
GEMACHT WIRD, OHNE DIE SIE
ABER NICHT STATTFINDET.
HIER KOMMEN SIE ZU WORT.

VORWORT

Dies sind Erinnerungen von Menschen, die weitgehend der Zufall zusammenbrachte. Da hieß es in der Verwandtschaft, dort sei jemand, der etwas Interessantes zu erzählen habe. Dort kam der eine oder andere von uns beiden in der Straßenbahn mit jemandem ins Gespräch, und siehe da, das Gespräch brachte eine neue Facette aus dieser Zeit. Fast unmöglich war es, Aussagen von überzeugten Nationalsozialisten zu bekommen. Erst eine Kindheitsfreundschaft brachte hier eine Lösung. Aber darüber hinaus nahmen wir zur Wiedergabe des offiziellen Standpunkts „alltägliche“ Zeitungsausschnitte aus den letzten Kriegswochen zu Hilfe. Weitere Dokumente, die uns notwendig schienen, um das Bild zu ergänzen, erhielten wir vom Dokumentationszentrum der Österreichischen Widerstandsbewegung. Keine der Aussagen ist mit einem Namen, auch nicht mit einem im Grunde anonymen Vornamen unterzeichnet. Vorerst, weil eine Anzahl von Aussagen nur unter dieser Bedingung gemacht wurde und es kindisch gewesen wäre, dort fiktive Vornamen darunterzusetzen. Auch erschien nur die „Namenlosigkeit“ logisch. Mit diesen Aufzeichnungen wurden Vorgänge dem Vergessenwerden entrissen, die in früheren Zeiten zum mündlich weitergegebenen Erfahrungsschatz menschlicher Gruppen gehörten, deren Auswertung beim alltäglichen Weitererzählen als wichtiger Teil zur Bildung der gruppenspezifischen Mentalität beitrug. Heute, im Zeitalter der totalen Kommunikation, gibt es **diese** Kommunikation nicht mehr. Daran sollte man beim Lesen dieses „kollektiven Tagebuches“ denken.

INHALT

EXAMEN IM SPLITTERGRABEN

Ab 1. Februar war ich auf der Chirurgie in dem Gebäude, wo die Patienten waren, im Keller. Im Wilhelminenspital. Die Patienten waren zuerst in Sälen. Wir haben sie jedesmal in den Keller bringen müssen. Aber wie die Angriffe so arg waren, haben wir sie dann gleich unten gelassen – es sind ja so viele gestorben durch die Erschütterung im Aufzug. Also haben wir sie unten gelassen. Wir Schwestern haben uns auch im Keller eing'richtet, im Gipskammerl, mit Matratzen am Boden. Das war ziemlich gegen Kriegsende. Tag und Nacht haben wir Dienst gehabt. Kein Licht – nur hie und da ein Laternderl. Da haben wir die Patienten verbunden. Instrumente auskochen sind wir in den Bunker gangen, der hat ein eigenes Aggregat gehabt. Der Bunker war eine Viertelstunde entfernt, aber wir haben oft a Stund zu der Viertelstund gebraucht, wenn die Tiefflieger geschossen haben. Fünf Minuten war's zur Küche, aber wir sind oft net zum Essen kommen, weil die fünf Minuten so lang gedauert haben wegen dem Beschuß. Mit Instrumentenkassetten unterm Arm sind wir die Wand entlanggschlichen – es war wirklich schiach. Kein Wasser, kein Licht, net aus die Kleider sind wir kommen. Damals hab ich viel Schreckliches gsehn. Es ist ja so viel passiert. Eine junge Frau, der haben s' beide Füß amputiert, mir scheint die Händ a – die ist dann gstorben. Ein junger Mann – oder war's a Frau? is auch amputiert worden. Immer wieder. Frauen, die's beim Schlangestehen erwischt hat. Ich wollte einmal im März – es war a Wahnsinn, aber damals konnte man nicht mehr klar denken –, da wollt ich z'haus. Ich hab denkt: Jetzt muß ich z'haus, sehen, ob noch was steht. Ich hab ja nix gewußt, es war kein Wegkommen vom Spital. Ich bin glaufen in Schwesterntracht, zu Fuß, hab den Weg vor mir gesehen: Maroltingergasse, Thaliastraße – aber ich bin nur bis zur Maroltingergassen kommen, net weiter. Hinter einer Säule hab ich Schutz gsucht. Irgendwie bin ich dann wieder zurück. Bis 27. März war ich noch Schwesternschülerin. Am 27. März war das Examen. Erst im Hörsaal oder in einem Raum oder was das war, dann war während des Examens ein Angriff, und wir sind in den Splittergraben übersiedelt, das war a schmaler Gang, oben offen. Weiter ist das Examen im Splittergraben gangen.

Unter Motorengedröhn der Flieger haben wir müssen die Prüfungen ablegen. Und sie haben's deswegen auch net leichter gmacht. Nachher – ich hab dann mein Diplom kriegt, Häubchen und alles –, nachher haben wir noch eine Zeitlang in Baracken gwohnt, die diplomierten Schwestern. 20 Minuten vom Spital. Einmal in der Früh ganz zeitig hat uns ein Einschlag aus den Betten gschmissen. Ich hab so eine Wut ghabt, immer die Umzieherei, und hab das Kofferl packt, und wir sind wieder ins Gipskammerl übersiedelt. Im Keller waren die Patienten zusammengepfercht, die Rohre von den Heizleitungen drüber. Unter den Rohren die Patienten. Und wir kein Wasser, nur a Tonne mit Wasser, kein Fließwasser. Wir haben halt mit an Besen in der Tonne immer wieder die Leibschüsseln gwaschen.

LIEBE KLEINE SCHAFFNERIN

Ich wurde mit dem 5. Februar zum „Studenteneinsatz" bei der Straßenbahn eingeteilt. Mit einer roten Armbinde mit gotischer Schrift. Dick vermummt waren wir, riesige Galoschen haben wir ghabt, innen mit Hasenfell. Die Finger waren mir oft steif. Oft haben die Fahrgäste die Karten selber zwickt. Im 62er bin ich gfahren. Wir sind bei der Kaserne Edelsinnstraße vorbeigfahren. Dort dürften sie Ritterkreuze verliehen haben oder sowas, jedenfalls sind dort immer Ritterkreuzträger eingstiegen.

Einmal ist so einer freudenstrahlend eingstiegen mit einem Ritterkreuz, das hat ganz neu ausgschaut. Bei uns hat sich eine Tür gespießt, eine mit zwei Flügeln, und niemand hat s' aufbracht. Und er is hingangen – mit einem Gsicht: Kleinigkeit für ein' Ritterkreuzträger – und hat grüttelt. Umsonst. Ein ganz ein roten Kopf hat er kriegt, aber die Tür hat er net aufbracht, der Ritterkreuzträger. – Einmal hat a Soldat sein Gwehr vergessen bei mir in der Straßenbahn. Das war arg, da ist, mir scheint, die Todesstrafe draufgstanden. Ich hab ihm das Gewehr geben. Ein Paar Schuh hat er mir einmal gebracht nachher, er hatte irgendwelche Beziehungen zu einer Schuhfabrik. Enorm war das, ein Paar Schuh damals. Und der war so froh! Stellen Sie sich vor, er wär an einen geraten, der ihn womöglich anzeigt hätt! Er wär vielleicht vors Kriegsgericht gekommen. Ich bin so froh, daß er das Gwehr grad in mein Waggon vergessen ghabt hat. Wie ich im 60er gfahren bin, gab's auf der Strecke ein Lazarett. Sehr viele Verwundete sind mit uns gefahren, sind hereingehumpelt und haben sich niedergsetzt. Die Verwundeten haben ja damals umsonst fahren dürfen, und viele sind wahrscheinlich zum Vergnügen gefahren. Einer war da, mit einem riesigen Kopfverband, nur die Augen waren zu sehen. Der is immer wieder mitgefahren. Ich hab mich direkt schon an ihn gewöhnt gehabt. Er hat nie was gredt. Einmal frag ich ihn: „Warum fahren Sie da immer?" Da is er aufgstanden und weggerannt und bei der nächsten Haltestelle ausgstiegen und ich hab ihn nie wieder gsehn.

DIE NÄHMASCHINE WAR NICHT ZU RETTEN

Da bin ich zuerst in dem Lazarett bei Krefeld in so an Keller glegen, mit Pölzungen und Grundmauern und Leitungen. Und damals war's, wie die Grille Tag und Nacht gezirpt hat, das hat mich den letzten Rest meiner Nerven gekostet, und mein Fuß ist dabei langsam weggefault. Und ich hab gedacht, wie's den Leuten z'haus jetzt gehn mag, unter den Bomben. Ich weiß noch genau, sechs Monate vorher, zurück von einem Genesungsurlaub und auf dem Weg, bin ich in Frankfurt in einen Großangriff kommen. Zuerst wollten wir uns net scheren drum, dann sind die Kettenhunde, also: die Feldgendarmerie gekommen, die haben uns rausgejagt, und da hamma schon die Christbäum g'sehn. Da hab' i also g'wußt, da gibt's was. Die „Christbäum", das warn ganze Haufen von Leuchtbomben, die wurden von einzelnen Flugzeugen vorher geworfen und sind dann langsam herabgeschwebt, dahinter kam dann das große Bombergeschwader. Ich bin in ein Haus rein, in Keller, und dann hat's auch schon gekracht, eine Bombe ist ins Nebenhaus gegangen. Wir sind am Bauch kriechend unter brennenden Trümmern no rauskommen und haben dann gschaut, daß ma die Leut dort alle rauskriegen aus dem Keller. Dann sammer losgangen, um zu helfen, aber es ist erschütternd, wie wenig es zu helfen gibt. Ich bin da in a Haus rein, da hab'n mir die Leut g'sagt: „Ach Jungchen, hilf uns doch, da oben ist die Frau Schmidt", oder Krause oder wie sie geheißen hat, „die will nich raus." Und das Haus hat schon gebrannt. I bin das Treppenhaus rauf, die Frau war in einer Wohnung, „Schaun S' doch, daß rauskommen", „Ach nee, mein Willi kommt nich mehr und ich will auch nich mehr", ihr Mann war bei der Marine und ist kurz vorher abg'soffen. Wann's schon prasselt ringsherum, was red'st an Menschen zua? Das Leben geht weiter und was brauchen s' denn? „Ja, wenn du mir die Nähmaschine, wenn du mir die wenigstens runtertragen kannst." Na, ich die Nähmaschine übern Ast, müssen s' Ihnen vorstellen: Holzstiegenhäuser, enge Wendeltreppen, es hat Löschversuche geben, und die Stiegenhäuser waren also naß, da ist das

Wasser runtergronnen, vom fünften Stock bis ins Hochparterre hab i's g'schafft, bei der letzten Wendel bin i ausgrutscht und bin wie der Kometenschweif hinter der Nähmaschin die Holztreppen abigsaust. Die hinter mir, die hat glei nochamal aufgeheult, wollt glei nochamal z'ruck in die Flammen, da hat's schon hinten brennt, i hab an Kleiderzipfel erwischt und hab's ganz brutal beim Haus rauszogen. Und i war so traurig, daß i der ihre Nähmaschine hing'macht hab und gleichzeitig so froh, daß des in Wien bestimmt net passieren wird können, weil sie Wien einfach net bombardieren werden. Und jetzt . . .

GERÜCHTE

Am 13. Februar stand in der „Kleinen Wiener Kriegszeitung" unter „Siegesgarantien":

Der Gauleiter drückte seine Genugtuung über das Ergebnis des Volksopfers in Niederdonau aus und begründete seine eigene Siegeszuversicht, die berechtigter sei denn je. Die Aufstellung der Volksgrenadierdivisionen und des Volkssturms, die Freimachung des Heimatheeres für die Frontaufgaben und vor allem der Pflichtfanatismus des deutschen Volkes sind, so schloß der Gauleiter unter stürmischem Beifall, unsere Siegesgarantien.

*

Im Keller bei uns wurde viel erzählt, was halt die Leute so gehört hatten. Nazi hatten wir keinen und, also da war einfach niemand, der vernadert hätte. In der Steinwandklamm, wurde etwa erzählt, da sei ein abgesprungener Amerikaner mit seinem Fallschirm an einem Baum hängen geblieben. Die Leute haben ihn runterg'holt und zum Wirtshaus getragen, er hat einen offenen Beinbruch gehabt. Er habe aber keine Miene verzogen.

Ein Bub habe ihm eine Zigarette gegeben, aber ein Nazi vom Ort habe geschimpft: „Was gebts dem a Zigarettn! Der g'hört glei' um'bracht!" Aber ein Soldat habe den Nazi verjagt: „Was glauben Sie, wenn Sie in Feindesland abstürzen täten?" Da habe sich der Nazi nix mehr zu sagen getraut.

*

Oder es wurde erzählt, der Ortsgruppenleiter frage überall, ob es wahr sei, daß für die Engländer, also für ihren Sieg, gebetet worden sei und ob wer wisse, wer das war.

Er sagte auch, streng vertraulich, daß der Kirchenbesuch von Woche zu Woche zunehme und daß man was tun müsse dagegen.

Es hieß, daß es verboten sei, Mohn zu verbacken, weil aus dem Mohnsamen kriegswichtiges Schmieröl gemacht werde. Genau wußte es zwar niemand, aber dazu wurde ein Fall erzählt, der sich in der Umgebung zugetragen haben sollte. Eine Frau habe einen Mohnstrudel gebakken und der Briefträger habe gesagt: „Bei Ihnen riecht's aber gut!" Die Frau habe ihm ein Stück gegeben, und wie ihr Mann abends nach Hause kam, sei sie schon eingesperrt gewesen.

Die Übersiedlung von Geisteskranken ins „Altreich" nenne man „Übersiedlung ins Jenseits".

*

Inserat im „Völkischen Beobachter":

Heilanstalt für Nerven- und Gemütskranke, Wien XIX., Obersteinergasse Nr. 18–24 (früher Krottenbachstraße 4) Blo564, Elektroschock, Cardiazol, Entwöhnungs- und Frischhormonkuren. Freie Ärztewahl. Verpflegungskosten 6,10 RM. Keine Nebenspesen.

„DANTES HÖLLE“ – IM FASANVIERTEL UND IN LONDON

Wir haben damals schon einiges hinter uns gehabt im Fasanviertel. Der vielleicht stärkste Luftangriff war, wenn ich mich recht erinnere, im November 44. Oder kommt's mir nur so vor, daß es der stärkste war, weil unser Nachbarhaus damals gebrannt hat? Unten im Parterre war ein Buttergroßverteiler. Dort waren Tonnen Butter gelagert. Die Feuerwehr hat zu löschen versucht. Ich hab zugeschaut. Auf einmal fallt das Fünfstockhaus nach vorn. Drei Feuerwehrmänner hat's erwischt. Und einmal, das werde ich auch nicht vergessen, den Volltreffer in den Notschutzraum Kleistgasse. 100 Tote. Damals waren im Fasanviertel 600 Tote. Auf einem Holzlagerplatz haben sie sie gesammelt und geschlichtet. Bei späteren Angriffen waren's dann weniger Tote. Denn entweder waren die Leute schon tot oder fort. In der Nacht haben sie mit Pferdewagen die Toten eingsammelt. Die von Fliegerangriffen, aber auch die, die sonst gestorben sind. Es sind ja auch sonst Leut' gestorben. Im Fünfundvierzigerjahr gab's keine Särge, auch keine Kisten mehr. Ein Brettl in Menschengröße, sagen wir 180 cm lang, rundum ein Randleistel, wie ein Schachterl, das oben offen war. Zeitweise gab's auch nur schwarzes Papier als Sarg. Da haben s' in der Gegend die Toten eingesammelt und auf schwarzbraunen Rüstwagen der Straßenbahn auf den Zentralfriedhof geführt. Am Fuß hat jeder eine Nummer kriegt, soweit man sie gekannt hat. Man hat die Toten gleich in die Familiengräber – wenn welche da waren – so hineingetan, wenn man gwußt hat, wo sie hingehören. Sonst halt ins Massengrab. Und gleich zugeschaufelt, weil sonst wären s' stinkert worden. Die Angehörigen haben sich den Priester selber suchen müssen.

*

Unter dem Titel „Wie ein Kapitel aus Dantes Hölle" berichtet die „Kleine Wiener Kriegszeitung" am 14. Februar 1945 von dem V 2-Beschuß Londons . . . das Stadtbild von London habe einen *„dantesken"* Anstrich. (Gemeint ist die Höllenschilderung Dantes. – Bemerkung der Redaktion der „Kleinen Wiener Kriegszeitung".) Die V 2 gehe in ziemlich regelmäßigen Abständen nieder. Die Zerstörung Londons sei geradezu *„methodisch"* zu nennen, und der verheerende Schuß werde nach Quadraten ausgerichtet . . .

*

Das „Neue Wiener Tagblatt" berichtet am 14. Februar 1945 über einen Luftangriff: *„Wieder ist eine Terrorwelle sinnloser Zerstörungswut über Wien hinweggegangen, wieder sind friedliche Wohnviertel Opfer eines Angriffs geworden, der seine Mordgier blindwütig und wahllos austobte . . ."*

SIE KLOPFEN NOCH – UND DIE VERWERTUNG DES SCHUTTS

Das Kind hatte Masern. Man hatte ihm einen Fensterplatz gelassen. In einigem Abstand zu den andern lag es da, in eine hellblaue Decke gewickelt, mit gesprenkeltem Gesichterl. Beim zweiten Kellerfenster stand eine Frau vor einem Nudelbrett und machte Nudeln. In den einzelnen Kellerabteilen saßen vermummte Gestalten bei Kerzenlicht. Ein Radio knackte. Die Glühbirne bei der Kellertür flackerte und schwankte, bewegt von der gleichen Kraft, die die Menschen in den Keller gefegt hatte. Von Zeit zu Zeit fuhr ein Zischen die Hauswand entlang. Dann sprach man über die Geschwindigkeit des Schalls.

Eine Bombe ist schneller als der Lärm, den sie macht. Eine Bombe, die man zischen hört, bedeutet keine direkte Gefahr mehr. Auch Zeitzünder zischen. Aber im

Keller denkt man nicht an Zeitzünder. Niemand denkt über die Zeitspanne hinaus, die zwischen der ersten anfliegenden Welle der Bombenflugzeuge und der nächsten liegt.

Wenn es kracht, hat es in der Nähe eingeschlagen. Die Glühbirne zittert stärker und beruhigt sich wieder. Das Messer schneidet weiter Nudeln, und das Kind bekommt aus der Thermosflasche Tee.

Jemand hält das Ohr an die Glasscheibe des Radios gepreßt und horcht auf die leise Stimme, die den Keller mit der Außenwelt verbindet. Feindliche Kampfverbände im Anflug. So vergeht ein Vormittag, so vergeht eine Woche, so vergehen Monate.

Die Glühbirne zittert. Manchmal verlischt sie ganz. Dann ist nichts da als die Hammerschläge des eigenen Herzens, das sich allein weiß im Dunkeln, dem Schicksal ausgeliefert, das mit gedämpftem Motorengedröhn über den Keller zieht.

„O Mutter Gottes, breit den Mantel aus!" betet eine alte Frau. Warum soll die Mutter Gottes ihren Mantel gerade über dieses Haus breiten? Ihr Mantel mag groß sein, aber eine ganze Stadt deckt er nicht. Die Wellen der Flugzeuge ziehen durch ihn hindurch, als wäre er aus nichts als aus blauer Luft gemacht.

So vergehen Monate. In tausenden Kellern geschieht nichts. Die zuckende Glühbirne gewinnt ihre Leuchtkraft zurück, die muffigen Kellerwände atmen Geborgenheit.

Die Kampfverbände drehen ab. Die Kellertür öffnet sich und gibt den Weg frei. Man geht hinauf, schiebt die Koffer unter das Bett und kocht Tee.

Der Himmel ist blau an diesen Tagen. Das Eckhaus gegenüber ist ein riesiger Fächer aus Balken. Es riecht nach Ziegelstaub. Eine Hausmeisterin kehrt mit einem Reisbesen klirrendes Glas vom Gehsteig.

Vis-à-vis tragen sie Arme und Beine und mit Packpapier verhüllte große Klumpen in die Sakristei.

„Die haben es hinter sich", sagt jemand.

Dann kommt die Nachricht, daß in der Nebengasse in einem Keller geklopft wird. So und so viele Menschen sind verschüttet und klopfen. Sie wissen nicht, ob man sie hört, aber sie hoffen es. Sie klopfen den ganzen Sonntagnachmittag, sie klopfen den ganzen Montag und den ganzen Dienstag. Und man hört sie klopfen. Niemand fragt in diesen Tagen, wie es mit den Verschütteten steht. Vielleicht aus Furcht zu hören, daß sie verstummt sind. Niemand fragt also. Aber manchmal kommt einer oder eine vorbei und sagt: „Sie klopfen noch!" Es klingt wie eine Beschwörung. Solange sie klopfen, sind sie am Leben. Solange man sagt: „Sie klopfen", fühlen sie vielleicht, daß man sie nicht aufgegeben hat. Solang einer lebt, gibt man ihn nicht auf.

In Wirklichkeit sind sie längst aufgegeben. Keiner sagt es. Jeder weiß es. Es heißt, daß man ohne Spezialgeräte nicht helfen kann, sonst stürzt der verschüttete Keller noch weiter ein. Wer jetzt hilft mit bloßen Händen, könnte den Tod von einem Dutzend Menschen verschulden. Die Bergungsmannschaften mit Spezialgeräten können nicht überall gleichzeitig sein. Es gibt zu wenige. Und so ersticken ein Dutzend Menschen, die den Angriff überlebt haben, im Keller.

Es geht nicht schnell. Sie klopfen den ganzen Mittwoch und den ganzen Donnerstag. Wenn einer sagt: „Sie klopfen noch", klingt es nicht froh, daß sie noch am Leben sind, sondern gequält, daß sie es immer noch nicht überstanden haben. Die Bergungsmannschaft kommt nicht. Sie kann nicht kommen. Sie kann nicht überallhin rechtzeitig kommen. Und je rascher es da drunten zu Ende ginge, desto besser wäre es.

Am Freitagnachmittag sagte jemand: „Sie klopfen nicht mehr", und dann wurde es still um das Haus mit den Leichen.

Im Nachbarhaus, in dem nur ein kleiner Teil des Kellers verschüttet war, grub man nach einigen Wochen unter Ziegeln und zersplittertem Holz ein entsetzlich stinkendes Stück, ein haariges Etwas aus, von dem niemand sagen konnte, was es war. Manche sagten, es sei ein Hund, andere meinten, es sei der Kopf einer blinden Frau, die seit damals vermißt war.

Längere Zeit war dann dort, wo das Haus gestanden war, ein ebener Platz, auf dem das Unkraut hochgeschossen war. Kinder spielten darauf Fußball und Verstecken. Die unten haben schon lange aufgehört zu klopfen.

*

Grenzen sind Kraftlinien. Der Krieg überschreitet sie mit großartiger Selbstverständlichkeit und setzt sie aufs neue. Nichts, was besteht, bleibt vor ihm beständig: nur der Mut, die älteste menschliche Tugend; sie erst macht den Menschen möglich. Der Rest? Menschenscherben, Menschenschutt, zerbrochene Möglichkeiten, Masse: unverarbeiteter Rohstoff zum Menschenbilde.
(Aus dem „Neuen Wiener Tagblatt“, Februar 1945)

*

In der gleichen Nummer ist unter „Verwertung des Schutts“ zu lesen:

Die unter dem feindlichen Luftterror ansteigenden Kriegsschäden zwingen die zuständigen Behörden zu rechtzeitigen Überlegungen, wie und ob das Trümmermaterial von Gebäuden aller Art im Interesse des Wiederaufbaues oder der Beseitigung von Gebäudeschäden verwertet werden kann . . . Das Rüstungsministerium hat die Bildung eines Arbeitsausschusses veranlaßt, der alle Fragen der Trümmerverwertung und des Ausbaues geeigneter Brandruinen mit Massivdecken und Dächern zu behandeln hat. Dabei werden alle Erfahrungen sämtlicher interessierter Fachkreise zu sammeln und Doppelarbeiten zu vermeiden sein.

BOMBENALLTAG

Kein Wasser haben wir ghabt. Im Keller, im Radio, hast ghört: Kärnten-Steiermark. So hat man kurz gsagt, wenn Bomberverbände im Anflug auf Kärnten-Steiermark waren. Die Hofer-Großeltern sind mit dem Enkel und dem Binkerl schon beim Kuckuck gegangen, ganz pomali, in den Luftschutzbunker. Der Kuckuck, das war ein Vorwarnzeichen noch vor der Sirene. Nach dem Krieg hat sich herausgestellt, daß dieser Kuckuck nicht ein künstlicher oder ein normaler Kuckuck war, sondern ein Mensch, der damals im Radio angstellt war, daß er Kuckuck ruft, wenn die Bomber kommen.

Aber daß ich Ihnen weitererzähl: An dem Tag, wo das Enkerl krank war, sind s' nicht aus dem Haus gangen, die Hofer. Ich weiß noch genau, wann das war, das hab ich mir aufgschrieben, weil damals zum erstenmal unsere Fensterscheiben hin waren, es war der 15. Februar. Und da sind die also nicht weggegangen, sondern in unseren Keller. Wie's kracht hat, hat sie sich über den Buam beugt. Dem Kind ist nix geschehen, aber sie hat hinten die Balken im Kreuz gehabt. Sie war schwer verletzt, aber sie haben's alle überlebt. Das war an demselben Tag, wo unsere Milchfrau ausgebombt worden ist, das ganze Haus war vorn weg, du hast in alle Zimmer hineinschauen können. Und im dritten Stock oben in einem Eck im Lehnsessel ist a alter Mann gsessen und hat geschlafen. Oder vielleicht war er auch tot. Wie ich hinkommen bin, war er nimmer da. Aber vielleicht haben s' das auch nur erzählt.

Was aber ganz wahr ist, weil's mir meine Kusine selber erzählt hat, war die Gschicht' mit dem Ofenrohr. Das war wieder beim Friseur bei ihr ums Eck, da is auch alles runterkommen, und man hat schon glaubt, er ist tot. Da haben s' ihn klopfen gehört, nein, nicht klopfen, rufen, ganz hohl, wissen S', wie ein Geist. Aber damals hat man ja nicht an Geister glauben brauchen, da is so auch genug passiert zum Fürchten, und unglaubliche Sachen. Ja also – daß ich weitererzähl von dem Friseur: auf dem is das ganze Haus draufglegen, aber er hat in sein Kammerl unten ein Ofen ghabt, wo er die Perücken und die Fetzen und die Farb und den Koks usw. ghabt hat. Dort hat er auch ein' Ofen ghabt, heut hat man sowas ja nimmer, so a richtiger kleiner Kanonenofen, der gschwind warm wird – er is aber auch gleich wieder kalt – also, daß ich's Ihnen sag – also man hat schon glaubt, er is tot. Aber man hat ja damals überall gelauscht, ob sich no wo wer rührt, und da haben s' das Rufen gehört, und das war der Friseur. A Stückel Ofenrohr hat aus dem Bombenschutt herausg'schaut, und dorther sind die Töne kummen. Und da haben sie sich verständigt. Drei Tage oder vier hat's dauert, bis sie sich zu ihm haben durchgraben können, er ist unterm Ofenrohr glegen mitten unter der Stiegen und allem, aber das Ofenrohr hat sich so verspießt, also, daß es nicht geknickt worden ist, und da hat er halt heraustelephoniert, und sie haben ihm durch das Rohr was zum Essen und ein' Kaffee hinuntergeschickt, und so is er am Leben blieben und hat nach dem Krieg wieder fleißig frisiert.

*

Wir sind aufs Fabrikdach hinauf und haben uns die Flugzeuge angschaut, bum bum hat die Flak geschossen, da hat's kleine Wölkchen geben, die Flugzeuge waren kleine Punkterln. Die Jungen haben das als unerhört lustig empfunden.

*

Bei einem Reihenwurf hat das Kesselhaus einen Volltreffer abgekriegt. Einem Fürwitzigen ist die Eisentür vom Schutzraum auf die Nase gefallen. Zum Ausräumen vom Splittergraben haben s' dann Freiwillige gsucht. Die haben dann eingsammelt: Arme, Beine, was so am leichtesten wegfliegt.

*

Bei uns haben s' Herztropfen gnummen. Wir haben a blinde Frau im Keller ghabt, die ist ganz ruhig gsessen und hat sich net grührt. Die hat keine gnommen. Im vorderen Keller war's lustig, da haben s' Schnaps trunken. Und Witze erzählt. Mein Vater hat gsagt, geh dort net hin, die sind frivol. Ich bin aber doch wieder hingangen. Ich hab net zuschauen können, wie die Leut die Nasen hängen lassen. Aber wie ich hinkommen bin, haben s' keine Witze mehr erzählt, sondern von einem Soldaten, der auf Urlaub war, und den hat's zu Haus im Luftschutzkeller erwischt. Und die Frau, die immer allen ihren zuckerlgrünen Schnaps angeboten hat, hat auf den Krieg gschimpft und hat geschrien, es soll schon endlich aus sein, und sie hätt lieber ein' Russen auf ihr als ein dreistöckiges Haus. Das war wahrscheinlich auch frivol, und ich bin wieder zu uns in den hinteren Keller, i hab mich nur dazugsetzt und hab gewartet, was kommt.

*

. . . sie haben so viele Tote in die Sakristei getragen, die Tante Steffi hat sich dann noch so aufgeregt, bei der Glastür vom Geschäft hat sie hinausgeschaut – auf die Teile und auf die mit Papier darüber auf Bahren – und hat immer hinausgeschaut und gsagt – hu, i kann net hinschauen, in kann net hinschauen! – aber sie hat trotzdem hingschaut. –

*

Von der Firma is einer beauftragt worden, Preßteile irgendwohin zu führen, mit ein Wagerl, a Hilfsarbeiter war's, ein Invalid. Der fahrt also hin, wo er das abgeben soll. Unterwegs is Fliegeralarm. Er hat das Wagerl stehnlassen und is schnell wo in ein' Keller grennt. Überall hat's kracht. Wie er außerkommt vom Keller, war das Handwagel futsch. Er rennt zrück zu sein Betrieb, und wie er zum Betrieb kummt, war der Betrieb a hin.

JÄGERBLUT

Die Nummer der „Kleinen Kriegszeitung" vom 16. Februar 1945 erschien als erste aller noch folgenden Nummern ohne den Kärntner Heimatroman „Jägerblut", eine kriegstechnisch bedingte Einführung. Am Vortag hatte man den Roman mit einer Zusammenfassung des restlichen Inhalts den Lesern geschwind zu Happy-end erzählt:

Bevor jedoch Maria dem aufrechten Georg die Hand zur Ehe reichte, mußte sie noch von dessen Vater — der nun auch längst ein kleines, gebrechliches Mandel geworden war — eine furchtbare Wahrheit hören. Der alte Millonig war es, der — einst von Pernutt beim Jagen im fremden Revier ertappt — den Jäger erschlagen hatte. Maria, das leidgeprüfte, verstehende Weib, überwand selbstlos ihren Abscheu gegen diese schreckliche Tat und verzieh dem sie bange beobachtenden Greis.

*

Nichts ist überflüssiger, als in kulturell weit rückständigen Ländern ganz unvermittelt Normalschulen zu errichten, wie es die Kolonialverwaltungen vieler Staaten oft tun. Kindischer Hochmut schlummert in der Seele der Neger. Eine vorzeitige Schulbildung zeitigt Überheblichkeit, Anmaßung und Unzufriedenheit. Es ist weit besser, Handwerks- und landwirtschaftliche Schulen zu gründen. Dort würden die natürlichen Anlagen der Eingeborenen vervollkommnet und ihr ganzes Schaffen auf eine viel höhere Stufe gebracht werden können . . .
(„Völkischer Beobachter")

*

Und i bin ja damals gangen mit an Slowaken, aber der war in Jugoslawien daham, des war irgendein Stück, was amal annektiert wor'n is oder Grenzziehung, und i bin mit dem Burschen gangen, i wollt mit ihm hamfahrn.

Sicher war's verboten. I hab schon Schwierigkeiten ghabt. A deutsche Frauenschaftsführerin – was waß i, wie der Trampel ghaßen hat –, die is zufällig dazuakommen, wie i mit dem Burschen in an Kaffeehaus gsessen bin. Der Bua war nämlich Elektriker, und der hat viel pfuscht, und die Leut ham eahm Marken geben, und da haben wir fallweise ins Kaffeehaus gehn können, irgend a Mehlspeis essen – und die is dort einekummen, hat mi durt zur Sau gmacht. Sie hat gsagt, sie hofft, daß mich nie mehr ein deutscher Mann heiraten wird. I hab natürlich tan, als ob i nur zufällig mit dem da gsessen wär. I habs ogstritten, a Pantscherl hab i net zuageben.

Naja, 's war verboten natürlich. Aber da gibt's ja Abstufungen, natürlich, ja. Nachdem die Slowaken ja irgendwie mit'n Hitler gepackelt ham, war es nicht so gefährlich, waßt. Du hast an Slowaken sogar heiraten können. Aber's warn schon Rennereien. Du hast kan Serben und kan Kroaten heiraten dürfen, kan echten Jugoslawen, außer er war a Unterkärntner, der sich bekannt hat zu Österreich, also zur Ostmark damals. Und Soldaten – des hat's geben, Franzosen – des hat's geben, die san vom Lager ausgschickt wurn zu die Bauern arbeiten. Und da is natürlich a passiert, daß irgenda Frau mit an Burschen was angfangen hat, also die Frau war geächtet, der ham s' die Haar abgschnitten und so weiter und den Franzos hat ma nie mehr gsehn, der ist wegkummen – da war bei uns a Mädel, a Wirtshaustochter hat mit an Franzosen a Kind ghabt, den Franzos hat ma nie wieder gsehn. Des war streng verboten, mit Polen und so weiter, mei Pflichtjahrbauer hat – i habs Pflichtjahr machen müssen bei uns daham in Dorf – und mir ham a Polin ghabt, a fesche Person! Janina hat s' ghaßen. Na und da hamma dann zwa Unteroffiziere kriagt für Genesungsurlaub.

Und es war damals schon verboten zu tanzen, so Tanzveranstaltungen, natürlich wer hat si pfiffen drum, wir ham a riesengroße Wohnküche ghabt bei dem Bauern, da is

Ziehharmonika gspielt wurn und tanzt wurn, und mei Pflichtjahrbauer war a illegaler Nazi – und dann geht auf amal die Janina ab und der ane Unteroffizier – der Bauer geht auße in Hof, geht schaun – in hintern Stadl hat er die zwa gfunden.

Er hat gsagt: Herst, paß auf, sei net so deppert, Janina, eine mit dir und sei net so blöd, laß dir des net einfalln. Der war grundanständig. Zum Beispiel hätten die Polen ja net mit uns essen dürfen aus aner Schüssel. Er hat gsagt, na, die arbeiten mit uns, die wern mit uns aus aner Schüssel essen. Also in der Hinsicht – des war a illegaler Nazi, aber er war ka Schwein, waßt – wann da aner draufkummen wär, war er eingsperrt wurn – weil er's net angezeigt hat. Er hätt's ja müssen anzeigen.

WIE HITLERJUNGE NOWAK DAS RITTERKREUZ BEKAM

Die „Kleine Wiener Kriegszeitung" vom 17. Februar 1945 meldet die Verleihung des Ritterkreuzes an den 16jährigen Hitlerjungen Nowak:

. . . befand sich der Hitler-Junge Nowak bei einer Volkssturmgruppe, die den Südausgang der Stadt sicherte. Als 30 sowjetische Panzer auf sie zurollten, war der Hitler-Junge, noch ehe ihm ein Befehl erteilt wurde, schon neben dem ersten Panzer und machte einen durch einen wohlgezielten Schuß seiner Panzerfaust bewegungsunfähig. Mit den übrigen drei Panzerfäusten knackte er noch drei weitere Sowjetpanzer. Dann lief er zurück und holte sich neue Panzerfäuste. So brachte er nacheinander neun schwere feindliche Panzer zur Strecke . . .

DIE SACHE MIT DEM MAUERSTEIN

. . . Der Schlaf bleibt aus, oder, wenn wir so todmüde waren, daß er uns doch überfällt, dann ist er unruhig und wenig erquickend. Für ein heißes Fußbad oder eine Wärmeflasche müßte erst Wasser erhitzt werden, und das möchten wir im Interesse der Gas- und Kohleersparnis gerne vermeiden. Die Sache mit dem Mauerstein ist da wesentlich einfacher und besser. Legen wir ihn tagsüber in die Ofenröhre oder hinter den Ofen, dann speichert er Wärme auf. Vor dem Schlafengehen wickeln wir ihn in saubere Tücher, dann können wir dankbar die wohltuende Wirkung genießen.

(„Kleine Wiener Kriegszeitung" vom 18. Februar 1945)

*

Da man schon bei Wärme war, beschäftigte man sich auf der gleichen Zeitungsseite mit Schicksalen von Adoptivkindern:

Wie glückhaft sich das Leben von Kindern, denen das Schicksal das natürliche Elternhaus versagte, wenden kann, springt in die Augen bei Betrachtung der kürzlich zusammengestellten Erfahrungen in 124 Fällen von Adoptionen . . . Die allgemeine Erfahrung lehrt uns, daß uneheliche Kinder, als Gruppe betrachtet, in mehrfacher Hinsicht in beträchtlich höherem Hundertsatz erblich belastet sind als eheliche. Anderseits aber nehmen Adoptiveltern ihre Erziehungsaufgabe oft ernster als manche natürliche Eltern . . . Bei wirklich schlechter Erbmasse ist aber selbstverständlich auch das beste Elternhaus machtlos . . .

*

Im Österreichischen Dokumentationsarchiv der Widerstandsbewegung liegt das Foto eines kleinen Mäderls mit dunklen Schneckerln und strahlenden schwarzen Augen. Dazu gab Johann Breirather aus Oberösterreich, Post Neuzeug 200, zu Protokoll, daß sie dieses Kind vom Jugendamt Steyr in Pflege genommen hatten. Das Kind stammte wahrscheinlich von Zigeunern ab:

Neben unseren zwei Kindern wurde das Mäderl so wie die eigenen Kinder gehalten . . . Wir wurden des öfteren vom Jugendamt des Bezirkes Steyr-Land verständigt, daß unsere Sidonie in ein Kinderheim käme. Wir haben dann einige Male beim Jugendamt vorgesprochen, um das Kind behalten zu können. Wir möchten nicht die damalige Zeit schildern, wie uns zumute war. Dann wurden wir vom Jugendamt verständigt, man habe angeblich die Mutter des Kindes gefunden. Diese befinde sich in Hopfgarten in Tirol. Sidonie wurde von einer Schwester des Jugendamtes Steyr-Land abgeholt und tatsächlich nach Hopfgarten in Tirol gebracht. 1945 habe ich erfahren: In Hopfgarten wurden Zigeuner aller Altersklassen gesammelt und verschickt und zuletzt die Kinder. Dieser Transport, wo unsere Sidonie dabei war, ging nach Auschwitz, Polen. Vom Jugendamt in Steyr-Land konnten wir nach 1945 noch folgendes erfahren: nach Angaben einer Schwester, welche selbst in Auschwitz Häftling war, wurde Sidonie in der Infektionsbaracke mit Typhusbazillen infiziert und dann vergast.

EIN U-BOOT TAUCHT UNTER

Ich hab zum Teil in Stadlau gewohnt, zum Teil bei Bekannten im 3. Bezirk oder bei meiner Schwester in Hernals. Bei Nacht und Nebel bin i kummen und furtgangen. Das Ende war nah, ich war jetzt besonders vorsichtig. Nach wie vor bin ich in den Betrieb. Wir sitzen am Sonntag in Stadlau beisammen: Kartenspielen. Mir is net guat, i muß a Fieber ham. Wo is ein Fieberthermometer? Die ganze Seiten und die Achsel tun weh – i hab 40 Fieber. Alle haben ein Wirbel gmacht. Aber es war mir gar net so arg, als wenn i 40 Fieber ghabt hätt. Im Laufe der Nacht steigt das Fieber auf 41,2. Der Schwiegersohn und der Sohn waren da. Er sagt: Horch, wir san kane Buam. Man muß sich den Kopf zerbrechen in der Zeit. Sie haben mich auszogen und mir ein Wickel gmacht und ins Bett. Horch, sagt er, du hast was Arges. Wennst uns stirbst, kommst in a Decken in ein Bombentrichter.

Schön. I war einverstanden. Was hätten s' denn machen sollen mit an toten U-Boot als verschwinden lassen. Aber es hat mir schon leid tan, jetzt so kurz vor Schluß. I hab' denkt an meine zwei Brüder, meine eine Schwester und die Kinder von denen und meine Mutter, die's alle erwischt haben und ich, werd ich so blöd krank . . . Und wie ich da im Palais Pallavicini, wo ich garbeitet hab, den Verwalter kennengelernt hab, das war ein pensionierter Hauptmann vom alten österreichischen Militär, der hat eines schönes Tages gesagt – er war mir sehr gut gesinnt: Da sind schon Verschickungen gewesen, hat er gesagt, horch einmal: wenn du irgendwas brauchst, komm zu mir. Das war a Monarchist.

In der Zwischenzeit hat er sich eine Wohnung eingricht in der Habsburgergassen. Nur eine Partei und a Maleratelier, sonst nur Firmen in diesem Haus. Tausende Menschen san täglich aus- und eingangen, da is a einzelner net aufgfallen. Ursprünglich hab ich in der Rotensterngassen gwohnt. Hab eine Verständigung bekommen, ich hätte die Wohnung bis zu einem bestimmten Termin zu räumen. Habe geräumt. Sachen zu meiner Schwester beziehungsweise Mutter, dort bin ich untergekommen, wie ich meine Wohnung verlassen mußte. In der Zwischenzeit hatte meine Schwester die Möglichkeit, ins Ausland zu gehen: die war Pedikeurin, a Kunde von ihr war die Schwiegermutter vom Gouverneur von Curaçao. Dort is sie hinemigriert.

Mein Bruder, der eine, is schon Ende 38 verschickt worden – warum waß i eigentlich net –, hat wer auf sei Wohnung gspitzt, und weg waren s'. 2. Bruder: Mistelbach is judenfrei gemacht worden – er is also auch aufn Fleischmarkt gezogen. Kurze Zeit nachdem ich dort war, haben s' den Bruder geholt und die Familie, zwa Buam (15 und 17). Ich war bis 39 in der Industrie beschäftigt. Danach hab ich mich so herumgeschlagen – pfuscht und so. Eines schönen Tages komm ich zurück nach Haus – inzwischen hat die Kultusgemeinde Schneeschaufler gsucht, i bin net gangen – i kumm z'haus, fangt mich die Hausbesorgerin ab: Sie, Herr Fritz, die waren da und haben Ihna Mutter abgholt. Das war schon 41. Gehn S' net auffe in die Wohnung, weil die warten auf Ihnen. I bin net auffe – da is alles liegen und stehnblieben – ich zur Kultusgemeinde, die hat mich in die Leopoldstadt eingwiesen – doch i bin net hingangen, sondern zu an sehr guten Bekannten. Der sagt: Paß auf, i weiß, was wir machen könnten. I weiß jemand, der is a großer Nazi, der is anständig, war der Juniorchef von aner bekannten Firma. Von dem der Schwager war irgendein ganz a großer Mann. Der sagt: Passen S' auf, Herr, i hab a Villa, die will ich neu installieren lassen – können S' das machen? Natürlich kann i's machen, sag ich – aber i bin niemand. Er: I mach Ihnen an Vorschlag. – Er hat gmeint, es is nur so zu machen, daß ich mir a Firma find, die Material liefert und die Verantwortung übernimmt. I hab die Firma gfunden. Ich hab s' von früher kennt. Dem Juniorchef sei Schwager sagt dann: Ja, der Jud muaß in die Prinz Eugen-Straße, Zentralmeldestelle für Juden, sich dort melden, muaß aber ins Sammellager Sperlgasse, dort wohnen, solang er bei mir installiert. – Geh ich hin? Ach was, was kann schon sein. I geh in die Prinz Eugen-Straße, sag: I bin bestellt zu dem Herrn Sowieso. Posten: Moment. – Dann kommt er wieder: Geh in die Sperlgassen, meld'st dich dort. Ich geh in die Sperlgasse. Die haben schon angrufen ghabt: Der kriegt täglich ein Passierschein, ich hab dort glagert so wie alle andern auf an Strohsack. Dort wurden Juden konzentriert. Wenn a Transport beisammen war: weg. Ich hätt' die Möglichkeit ghabt zu emigrieren, a Mann hat damals alle 14 Tag Juden nach Ungarn bracht um viel Geld, angeblich von durt in die Schweiz. Ich komm in die Sperlgassen. Gehn S' auf Zimmer 17. Suchen S' Ihnen a Platzl. Transport war immer, wenn rund 1.000 Menschen beinand waren. Vorher, bevor einer abgangen is, hat jeder a Nummer bekommen, a so a Taferl, alle vor den Brunner, der hat die vorüberziehen lassen. Ich konnt immer bleiben. 10 jüdische Ordner, 2 in der Küche, a Mann und a Frau, zwei ältere Leut und ich. Am nächsten Tag – Passierschein – hab ich in der Villa g'arbeit'. Ich hab die Arbeit in die Länge gezogen. In der Zwischenzeit is schwierig worden, Juden fürn Transport zu finden. Vielleicht zwei Tag vor Abgang des Transportes geh ich um an Passierschein. Sagt der Portier: Heut kriegst kan. Ich hab den Auftrag.

Also – i kein Passierschein. Jetzt steh i da. Ich kann nimmer freikommen. Ein Karterl hab i schon ghabt (Todesnummer hat ma das gnennt). Ich muß hinaus. I hab spekuliert, beim Tor sind jüdische Ordner. Sagt der Ordner: Es gibt ka Hilf, was soll i tuan. – Geh zu meiner Firma, sag ich, oder ruf an, ich komm nimmer raus, sag ihm, wie die Situation is, er soll versuchen, mich hinauszubringen. – Der is dort hingangen. Nach einer Stund kommt der Chef von der Firma zum Lagerleiter, hat gsagt, wer er is. Er braucht mich, er hat in der Villa fürs Material a Geld stecken, und er hat kein Installationsplan. Hat dem einreden können, daß er mir an Passierschein gibt. Das war um Zehne, um 2 Uhr sollt ich zurücksein. Ich hab nix mitgnommen. Der Mann nimmt mich in Empfang, und ich war draußen. Das war natürlich net wahr, daß er mich braucht hat. Damit er gedeckt is, sind wir zusammen in die Villa und gehn das durch, er wird Aufzeichnungen machen, der Juniorchef hat schon draußen gwohnt. Seine Frau, der i das ganze erklärt hab, hat mir a Packerl gmacht, Lebensmittel und a warme Wäsch. Der Meister hat gsagt, also Pfüat Ihnen, gehn S' ins Lager, lassen S' es Ihnen gut gehn. – Und is gangen. Ich bin nicht ins Lager. Man hat sich dann den Elektriker gholt, ich bin weg: Er: paßts auf euchere Juden auf, was geht denn das mi an, hätts' mir ein mitgeben, der ihn bewacht. – Jetzt bin i dagstanden in Hietzing. Was mach ich jetzt. Und dieser Hauptmann hat einmal gsagt: Du, laß dich net fangen – kumm her. – Ich bin von Hietzing ins Palais Pallavicini. Hab am Büro angeklopft. Er: Herein! Was is? – Herr Hauptmann, ich bin soweit. Er: Da hast die Schlüsseln, geh hinauf in meine Wohnung. Nach einer Stund is er nachkommen: Schön, jetzt bleibst einmal vier Wochen da und rührst dich net außer. – Er hat mein Meister verständigt. So bin ich vier Wochen in der Wohnung gwesen.

LEUCHTENDES BEISPIEL

Unter der Überschrift: „Leuchtendes Beispiel eines Mädchens – Maria Schulz gibt den Feinden die gebührende Antwort", berichtet das „Neue Wiener Tagblatt" vom 20. Februar von der 17jährigen BDM-Führerin Maria Schulz, die im von amerikanischen Truppen bereits besetzten Teil Westdeutschlands verhaftet worden war:

Ein schlichtes Mädchen nur, hat sie, der Tortur unaufhörlicher Verhöre unterworfen, keinen Augenblick lang geschwankt. Es wäre Maria Schulz nicht zu verargen gewesen, wenn sie unter Einwirkung der seelischen Qualen einen Zusammenbruch ihrer Haltung erfahren hätte, wenn sie, preisgegeben der Willkür feindlicher Schergen, der Not ihres Herzens durch Tränen Luft gemacht hätte, wie es ja weiblicher Art entsprechen mag. Doch nein! Aus den hellen Augen dieser BDM-Führerin quollen keine Tränen, aus ihnen loderte nur der Haß gegen einen Feind, der mit seinen Terrorangriffen und seinen Vernichtungsabsichten namenlose Schuld auf sich geladen hatte. Sie sprach damit für die ganze deutsche Jugend . . .

*

Ich hab eine schreckliche Angst gehabt damals mit 17 vor dem Sinnlos-Zugrundegehen. Wenn ich durch so eine depperte Bomben umgekommen wär, hätt mich das geärgert. Denn wenn schon sterben, dann im Widerstandskampf. Mein Vater war Jude, sie haben ihn von einem Land zum anderen gejagt. Er hat's überlebt, aber frag nicht, wie. Ich hab beim Hartmann in Meidling gearbeitet. Das war eine Verbandstoffabrik. Jeden Tag hab ich gedacht: Vielleicht verladen s' dich auf ein Lastwagen, und du kommst nimmer zhaus . . . Zum Glück hab ich in einem kriegswichtigen Betrieb gearbeitet. Anfang 1945 hab ich einen jungen Burschen kennengelernt. In der Straßenbahn. Es war Stromstörung. Wir mußten heimgehen, er hat mich begleitet. Er hat mir erzählt, er kommt aus Afrika, ein Skorpion hat ihn gebissen. Er braucht ein Medikament, daß das Bein nicht zuheilt. Ich hatte einen Kollegen im Außendienst, der wußte genau den richtigen Apotheker. Sie haben natürlich gewußt, daß jemand mit dem Medikament seine Wunden pflegt. Man kann schwer sagen, sie haben's aus Sympathie gemacht oder Freundschaft oder, wie andere, für einen Verwandten. Sie haben den Burschen doch nicht gekannt! Sie haben's gemacht, weil sie sich klar waren: einer weniger, der für Hitler kämpft. – Ich hätte damals gern mehr getan, aber es ist mir nicht gelungen, in eine Widerstandsgruppe zu kommen, so hab ich halt das einzige gemacht, was ich tun konnte: passive Resistenz. So wenig als möglich arbeiten. Aber manchmal hab ich alles vergessen. Ich hab mir Vorwürfe gemacht, wenn ich ins Konzert gegangen bin.

Es war so einfach, das Augenschließen! Ich hab zu wenig getan. Musikhören, das ist doch negativ! Ja, wenn's verboten gewesen wäre, das Musizieren, dann wär's was gewesen! Aber so! Musik hab ich gehört. Wenn's auch nur immer ein paar Stunden waren, aber ich hab dann doch hie und da vergessen. Die Augen zugemacht. Und wenn ich glücklich war, gedacht: Es wird sich ändern.

LIEBESGESCHICHTEN IM LUFTSCHUTZKELLER

Für Witwen und Personen, die im gegenwärtigen Krieg gefallen sind, gilt die Steuergruppe III, soweit nicht auf sie die Steuergruppe IV anzuwenden ist. Diese Regelung gilt bei der Einkommensteuerveranlagung der Witwe und auch ihres Ehemannes schon für das Kalenderjahr, in dem der Ehemann gefallen ist.

Kinderermäßigung wird für Kinder, die im gegenwärtigen Krieg gefallen sind, für das Kalenderjahr, in dem das Kind gefallen ist, und für das folgende Kalenderjahr gewährt. Voraussetzung ist, daß der Steuerpflichtige unmittelbar vor dem Tod des Kindes oder in dem Kalenderjahr, das dem Tod vorangeht, Anspruch auf Kinderermäßigung für dieses Kind gehabt hat.

Gefallen im Sinne dieser Bestimmung ist, wer durch Feindeinwirkung gestorben ist. Gefallen sind auch Personen, die an den Folgen einer Wehrdienstschädigung oder einer ähnlichen Beschädigung gestorben sind, die sie während des gegenwärtigen Krieges erlitten haben.

(„Neues Wiener Tagblatt“ vom 21. Februar 1945)

*

Ich war damals ein ganz junger Bursch. Ich hab’s ein paarmal erlebt, bei Luftangriffen: daß irgendwelche Frauen irgendwelche Männer, irgendwelche Männer irgendwelche Frauen an sich reißen. Einmal ist eine neben mir gesessen. Die Glühlampe hat blinkert und ist immer wieder ausgangen und die Bomber hat man ghört. „No, wie gfall ich Ihnen?“ sagt sie zu mir. Ich bin gar nicht auf die Idee kommen, was sie will. Ich hab aus Höflichkeit irgendetwas gesagt. Und sie: „Haben Sie den Leutnant vorhin gesehen? Das wär’ ein Mann! Da könnt ma schwach werden . . .“

RATIONIERUNGEN

Warum soll ma's net vergessen? Ma hat gsagt: I hab gar nix ghabt von meiner Jugend. Ma hat sich halt aus Übermut a Haarschampon kauft, das hat ma ja kriagt, a Hautkrem, wo ma die Tropfen am Gsicht ghabt hat, weil Fett und Wasser sich getrennt haben. Leichte Seife – erinnerst dich? Da hat's die RIF-Seife geben, die war mir scheint grün . . . oder rosa? Und die leichte Seife, gelt, die is gschwummen am Wasser. Da hat ma müssen, glaub ich, drei RIF-Seifen kaufen, bis ma a leichte Seife kriegt hat . . .

*

Wie war das nun mit der RIF-Seife? Jeder kannte sie – andere gab's ja kaum – und auch den Witz, was die drei Buchstaben bedeuteten: Reichs-Juden-Fett. Nach dem Krieg, als man erfuhr, daß Goldzähne und Goldfüllungen kistenweise auf der Deutschen Reichsbank lagen und die Haare der Toten zur Matratzenfüllung verwendet worden waren, und als mein Mann mir erzählte, er hätte beim Anblick eines Waggons voller Kinderschuhe zum ersten Mal in dieser Zeit geheult, – dachte ich nicht mehr an die RIF-Seife. Erst heute, weil jemand anläßlich der Rückerinnerung an die Kriegszeit davon sprach, fiel mir der Witz wieder ein. Und die schauerliche Frage tauchte auf: War es nur ein Witz, oder haben sie tatsächlich tote Juden ausgekocht? Was dagegen spricht: Sie haben sie ja verbrannt; das Auskochen wäre vermutlich zu umständlich gewesen. Aus der Asche höchstens . . . Aber auch die Zuteilung von Seifen wäre dann wohl größer gewesen. Vermutlich war es also doch nur ein Witz. Aber was haben sich die Leute dabei gedacht?

Der Reichsstatthalter in Wien gibt bekannt: In den Haushaltungen darf Wasser bis auf weiteres nur zum Trinken und Kochen sowie zur persönlichen Körperpflege verwendet werden. Bäder aller Art sind untersagt. („Neues Wiener Tagblatt", 23. Februar 1945).

*

Wir sind ums Wasser gangen. Zu die alten Erdberger Ziehbrunnen in die Höf. Zum Geschirrwaschen Wasser aus dem Löschteich, das war näher. Neben die Ziehbrunnen haben s' die Ziviltoten dort rundum eingraben, und in die Parkanlagen. Es sind ja damals auch Leut gstorben ohne Bomben. Und wir haben das Wasser trunken.

*

Auch die Verteidigung wurde rationiert. Unter dem Titel: „Rationierte Verteidigung" schreibt das „Neue Wiener Tagblatt" vom 23. Februar:

Im Rahmen der kriegsbedingten Vereinfachung der Rechtssprechung mußte im Interesse der Einsparung von Kräften auch der Aufgabenkreis der Rechtsanwälte verkleinert werden. Für die Tätigkeit der Anwälte in Zivilsachen war dies schon durch die zweite Kriegsmaßnahmenverordnung geschehen. Nunmehr ist aber auch im Strafverfahren angeordnet worden, daß die Heranziehung von Rechtsanwälten eine gewisse Rationierung erfahren hat . . . Auch die Vorschriften über die notwendige Verteidigung, den sogenannten Offizialverteidiger, sind wesentlich eingeschränkt worden. Während bisher das Gericht dem Beschuldigten in besonders im Gesetz aufgezählten Fällen einen Pflichtverteidiger beiordnen mußte, falls der Angeklagte nicht selbst einen Verteidiger bestellte, ist jetzt ganz allgemein bestimmt, daß der Gerichtsvorsitzende von sich aus einen solchen Pflichtverteidiger nur dann bestellt, wenn wegen der schwierigen Sach- und Rechtslage die Mitwirkung eines Verteidigers geboten ist, oder wenn sich der Beschuldigte sei-

ner Persönlichkeit nach nicht selbst verteidigen kann. Damit ist die Beiordnung eines Pflichtverteidigers weitgehend in die Hand des Richters gelegt. Ist damit die Pflichtverteidigung eingeschränkt, so muß es vornehme Aufgabe des Staatsanwaltes und Richters sein, die kriegsmäßig bedingte Lage des Beschuldigten nach Möglichkeit zu erleichtern und alles zu tun, um ihn im Verfahren so zu stellen, als ob er verteidigt würde.

*

Ma war froh, wann ma glebt hat. Zeitweise im Dämmerzustand. Es war jetzt mehr a Ausnahmezustand. Man hat sich von ein Tag zum andern eingricht zum Existieren. Ma hat nix plant, sich nix vorgnummen, ma is so mitgerollt. Gelebt hat ma auf irgendeine Weise . . . a anderes Zeitgefühl hat ma ghabt . . . Aber ehrlich gesagt: Warum soll ma's net vergessen?

DIE WÜRDE DER PHANTASIE

Man spricht vom Reichtum der Phantasie. Allein sie ist nicht Gnade allein, sondern auch Verhängnis, da sie nicht nur das paradiesisch Schöne, sondern auch das Grauen und Entsetzen der Hölle sich auszumalen imstande ist. Darin aber liegt die Würde der Phantasie, und die, die sie haben, sind Auserwählte. (Aus dem Artikel „Würde der Phantasie" von Ernst Pentzold, in „Neues Wiener Tagblatt" vom 24. Februar 1945).

*

„Wir liegen hier seit Tagen auf einer Insel (in Jugoslawien) im Dreck, es kracht – ich verstehe nicht, daß die Menschheit des 20. Jahrhunderts ein solches Inferno braucht, um ihre politischen Gegensätze auszutragen." Ich hab mir das so gut gemerkt, weil's mich so beeindruckt hat. Und das stand auf einer offenen Feldpostkarte. Wir haben uns gesagt: Das ist ein Philosoph. Und er hat sich was getraut. Und daß es anscheinend doch nicht so lang dauern kann bis zum Ende, wenn man sowas schon auf einer offenen Karte schreiben kann. Schaffranek hat der geheißen, der's geschrieben hat, und er war Chemiker aus der Rosensteingassen.

*

... als wir uns am 24. Februar 1920 in München zum ersten Mal getroffen haben, besaßen wir schon ein klares Bild von der Tendenz und den Folgen des Kampfes ... Meine Parteigenossen! Vor fünfundzwanzig Jahren verkündete ich den Sieg der Bewegung! Heute prophezeie ich – wie immer durchdrungen vom Glauben an unser Volk – am Ende den Sieg des Deutschen Reiches!
(Aus der Führerproklamation vom 24. Februar 1945)

*

Und zwar war das so: I hab in einer Großküche garbeit am Erzberg oben. Dann hab i bemerkt, die Ausländer, mit die i garbeit hab damals – sogenannte Fremdarbeiter, nicht Gastarbeiter so wie heite, Ukrainerinnen, i hab mit Ukrainerinnen garbeit, und – mit Franzosen san ma net viel zammkommen, weil die waren im Lager – also die Ausländer sind allerweil aufgeregter wurn und unsre gleichzeitig a. Und dieses Geschrei fürn Endsieg, das is von diesen Nazibonzen, die ma da in Eisenerz ghabt haben, derart hochgejubelt worn und noch und noch mehr Endsieg, da hat ma dann diese Fremdarbeiter zammgetrieben noch zum Schützengräben machen in Eisenerz auf die Felsen droben, Schützenlöcher und Schützengräben bauen, also die sind dann völlig wild geworden, und die andern sind lebendig worn und ham gfragt: wie wird es sein, was wird sein? Und mir ham an Küchenbuam ghabt, des war a Russe, und der hat zu mir gsagt – der hat sehr gut Deutsch gesprochen –, der hat zu mir gsagt: Steffi, jetzt werd i dann abreißen, i kumm – irgendwann kumm i in der Fruah nimmer arbeiten, weil der Stalin hat gsagt, er wird alle umbringen, die da garbeit haben, obwohl sie ja zwangsverschickt sind worden, weil mit jeder Arbeitsstund' werden mehr Waffen gmacht, damit s' die Russen niederschiaßen. Und er wird sich in die Wälder verflüchtigen und wird dann tuan, als wie wenn er Partisan gwesen wär. Was aus dem Burschen wurn is, waß i net. Er is nimmer kummen. Aber das hat er nur mir gsagt, weil er gwußt hat, i bin politisch derart naiv und hab mit die Nazis nix ztuan ghabt.

OFENHEIZUNG BEI LUFTANGRIFFEN

Der Polizeipräsident als örtlicher Luftschutzleiter gibt bekannt: Die Erfahrungen aus den letzten Luftangriffen haben gezeigt, daß durch die geheizten Öfen nach Zerstörung eines Hauses sehr leicht und schnell Brände entstehen . . . Da die meisten Luftangriffe bisher stets in den Vormittagsstunden erfolgten, wird der Bevölkerung im eigenen Interesse empfohlen, mit der Ofenheizung erst von den Mittagsstunden an zu beginnen. Wo aber das Heizen von Öfen in den frühen Morgenstunden aus gesundheitlichen Gründen oder mit Rücksicht auf Kinder nicht zu verhindern ist, ist es zweckmäßig, das Feuer in den Heiz- und Kochstellen unter Kontrolle zu halten und soweit als möglich bei gemeldetem Einflug rechtzeitig durch Aufwerfen von Asche zu löschen oder einzudämmen. Bei der jetzt schon milderen Temperatur wird es sicher leichter zu ertragen sein, erst in den frühen Nachmittagsstunden den Aufenthaltsraum zu beheizen, als nach einem Luftangriff durch einen Brand schließlich noch den Rest von Hab und Gut zu verlieren.
(„Neues Wiener Tagblatt“, 25. Februar 1945)

*

Ich hab damals nicht mehr unterrichtet, denn die Schule hat so um Weihnachten herum, wenn ich mich recht erinnere, aufgehört. Es sind ja auch fast keine Schülerinnen mehr gekommen. Wie die Angriffe heftiger wurden, war ich immer mehr zu Hause. Wenn's ging, um die Ecke einkaufen. Man hat nichts mehr erlebt. Nur Angriffe. Ich weiß nicht, wie es anderswo war. Bei uns im 6. Bezirk war es schwer mit den Lebensmitteln, wenn man keine Vorsorge getroffen hatte. Und das mit dem Heizen war auch schwer: es war ein Verbot, daß man einheizt wegen der Angriffe. Mein Vater hatte Fieber. Es ging das Kommando im Haus: man darf nicht heizen also: ich hatte noch was zu heizen. Ich sagte: mein Vater hat Fieber, ich heize ganz zeitig und wie Alarm ist, schütt ich gleich Wasser drauf. Da durfte ich dann heizen. Wie sie die Webgasse und die Hirschengasse bombardiert haben, waren wir grad dazwischen. Wir sagten: Jetzt kommen wir dran. Die fremden Leute von den andern Gassen kamen in unseren Keller. Ich bin oben geblieben beim Vater. Da hab ich auch Sachen erlebt – nicht viel. Geräusche hab ich gehört von den Geschwadern, die man im Keller nicht oder nicht so gehört hat. Der Fußboden hat einmal gezittert. Ich dachte: Jetzt kommt's! Ist aber nicht gekommen. Eingesperrt war man irgendwie. Wenn das vorbei war, und es war ein Sonnentag, ist man an der Mauer herumgestanden. Das sind so die Erinnerungen. Und man ist nicht einkaufen gegangen, wenn's nicht ging. Einmal ist in dem niedrigen Haus gegenüber ein Einschlag gewesen. Ein Schrapnellstück ist in meine Küche geflogen, zwei Zentimeter an meinem Bein vorbei. Mein Vater war schon sehr alt und hat sich nicht aufgeregt. Gottseidank hab ich einen alten Herd gehabt. Gas hat's bei uns schon seit vor Weihnachten nicht mehr gegeben. Wie hieß das, was ich hatte? Ja richtig, „Hausfreund". Ich hatte keine Holzvorräte. Ich hab den Schreibtisch zerlegt, er war schon alt, es war nicht so schwer. Mit dem Schreibtisch hab ich dann gekocht.

ANFLUG AUF KÄRNTEN, STEIERMARK

Weil ich weg wollte, ließ ich mich bereits 1941, mit 14 Jahren, als Lehrling zur Seeschiffahrt vermitteln. 1943 kam ich über Marseille und Genua schließlich nach Venedig, auf von Deutschland requirierte Schiffe, die Nachschub in die Häfen nahe der Front brachten. Ende 1944 waren fast alle Schiffe versenkt worden, und es wurde davon gesprochen, daß man uns auch zur Wehrmacht einziehen würde. Ich aber war von vorneherein zur See gegangen, um nicht zum Militär zu kommen, und so setzte ich mich ab, fand Unterschlupf bei venezianischen Freunden. In den Frühlingstagen 1945 sah ich auf die Bombengeschwader hinauf, die fast jeden Morgen Venedig Richtung Kärnten, Steiermark, Wien überflogen. Venedig war zur offenen Stadt erklärt, nachts beleuchtet, es gab keine Flakbatterien und auch keine Bombenangriffe. Dagegen wurde Mestre stark bombardiert. Aber so wenig Angst ich vor den Bombern zu haben brauchte, eine andere Art von Angst saß mir doch im Bauch: vielleicht würde gerade dieses Geschwader den Bezirk von Wien bombardieren, in dem meine Eltern wohnten? Am 26. Februar hatte meine Mutter Geburtstag.

*

Millionen fleißiger Frauenhände arbeiten für das eine große Ziel: die Erhaltung der abendländischen Kultur und die Sicherung einer lebenswerten Zukunft. „Warner's Mieder" erleichtern der schaffenden Frau ihre Arbeit und tragen gleichzeitig dazu bei, sie für Beruf und Familie gesund zu erhalten.
(Inserat im „Neuen Wiener Tagblatt", 28. Februar 1945)

*

Nachts wacht die Wachmannschaft des „Südostdeutschen Wachdienstes" Wien I, Bösendorferstraße 9, Ruf U46426 Serie über Ihr Haus, Geschäft, Lager usw. und schützt Sie vor Ein-

bruch, Feuer, Gas- und sonstigen Schäden. Also Schaden verhüten u. d. Bewachungsabonnement bestellen. (Inserat im „Neuen Wiener Tagblatt", 28. Februar 1945)

A TYPISCHES GSETZL

Um es kurz zu machen, können wir also die Feststellung treffen, daß das Mißgeschick und Unglück, das über uns hereingekommen ist, zwar sehr schmerzhaft ist, aber keinesfalls etwa die Preisgabe unseres Sieges und damit die Auflösung des Reiches . . . bedeutet. So schnell schießen die Preußen nicht, oder, für diesen Fall treffender gesagt, hören die Deutschen nicht mit Schießen auf. (Aus einer Goebbelsrede, „Kleine Wiener Kriegszeitung", 2. März 1945)

*

Ende Februar bin ich mit Marschbefehl von Wilhelmshaven nach Triest durch Wien gefahren. In Wien hatte ich drei Tage Sonderurlaub zur Regelung von Familienangelegenheiten. Nachts hab ich natürlich Radio gehört: Die Partisanen von Tito sind schon in Monfalcone, also praktisch in Triest. Sehr schön, aber was tun? Auf der Frontleitstelle hat mir ein dicker, netter, ehemaliger Marineoffizier auf meine Frage, ob ich wohl noch bis Triest komm, geantwortet: Na, Sie werden's schon schaffen. Und dabei schaut er mich so an: ich kann dir's ja net direkt sagen, aber du wirst doch net deppert sein und abifahren, die holen dich schon in der Südsteiermark aus dem Zug. – Ich hab also die ganze Nacht mit meiner Frau Kriegsrat gehalten. Wir haben beschlossen: ich werd mich feierlich von der ganzen Familie verabschieden mit ein bisserl Weinen, damit, wenn die Feldgendarmerie kommt, meine Leut wirklich der traurigen Meinung sind, ich bin abgereist. Ich bin aber nicht abgereist, sondern in unser Badehäusl nach Kritzendorf. Dort war ein blinder Dachboden mit einem Zugang durch einen Einbaukasten. Beim Giebel war Platz fast in Sitzhöhe. Es dauert doch höchstens noch Tage, hat man angenommen. Die Russen waren ja nicht mehr weit von der burgenländischen Grenze. Also auf nach Kritzendorf. Saukalt war's dort und voller Lurch in dem Winkerl, und ich konnt' nicht heizen oder kochen, net einmal ein Tee. Alle paar Tag hat mir meine Frau ein Packerl in der Au versteckt. Was halt aufzutreiben war: einmal a ganze Dose Nestlé Kindernährmittel. Schlechte grüne Äpfel, die sie unter der Hand kriegt hat. Trockenmilch. Ich hab immer Bauchweh ghabt von dem Zeug. Auf der Donau sind hastigst Schlepper gefahren, überladen. 6–8 Schlepper statt vier. Von Ungarn herauf. Sie waren nur ein Stückerl überm Wasser, schlecht beladen waren s', teilweise überspült. Oberhalb Kritzendorf gegen Höflein ist eine Untiefe. Das Zugschiff ist drüberkommen, die Anhänger nicht. In der Nacht hab ich das Schreien und Fluchen deswegen bis in mein Dachboden gehört. Einmal hat eine SS-Streife die Gegend durchkämmt. Ich hab sie gsehn, aber ich war sicher, daß die Desorganisation schon so weit fortgeschritten ist, daß mich net namentlich suchen . . . aber immerhin . . . Meine Frau hat manchmal ein Stückerl Zeitung in das Packerl getan. I hab gesagt: Nur kein Brieferl, keine Sentimentalität! Ich hab zwar persönlich keine Illegalität erlebt, aber in den Vierzigerjahren war ich einige Zeit Gestapohäftling, und die Politischen haben damals vom richtigen Verhalten ganz konkret geredet, wie man's richtig macht: ja nix schreiben! Die Standardregeln der Konspiration hab ich schon gewußt. So hat mir meine Frau eine markante Nachricht aus der Zeitung gerissen, a typisches Gsetzl, und so hab ich gwußt, wie's ungefähr stehen könnt . . .

UND DIESE ELEMENTE SITZEN IM HINTERLAND

Wir haben damals natürlich alle Radio ghört, „Feindsender“, und in der Bude erzählt. In der Früh, ich war damals noch Lehrling, bin ich zu mein Altgsell gangen und hab ihn gfragt: Haben S’ gestern Radio ghört? Natürlich hat er ghört, und alle haben s’ gredt in der Früh. Da war nur so a Nazi, der is brav bei seiner Drehbank gstanden und hat g’arbeit’ für den Endsieg. Er hat alles gewußt von uns, hat aber eigentlich niemand anzeigt. Nur einmal, früher, da ist einer von ihm denunziert worden, der is dann in Häfen kummen. Vielleicht hat dem Nazi das dann leid tan, ich weiß net. Jedenfalls hab ich ihn einmal ganz schön was Schönes gheißen: Ihr seids’ schuld, oder so, weil grad a Patzen Angriff war. Aber mir ist eigentlich nix passiert. Nur die HJ hat mich am andern Tag gholt, und die haben mir a paar Watschen geben auf der Bezirksleitung, aber sonst is mir nix passiert.

*

Im Österreichischen Dokumentationsarchiv der Widerstandsbewegung liegt folgender Denunziantenbrief:

An die SD-Außenstelle Mürzzuschlag. – Meine Frau war die beste Freundin seit Jugend an mit der Mutter des Franz M., folgedessen sind wir über diese Angelegenheit genauestens informiert. Frau M. hat sich einmal verschnappt und erzählt, daß sie im Besitze eines zweiten Taufscheins ist, wo irrtümlich als Vater ihr heutiger Mann Max M. eingetragen ist, – selbiger hat im Jahre 1920 oder 1921 aber nur den Namen dem Kinde gegeben! . . . Im Frühjahr erfuhr ich, daß M. sich in die Offiziersschule gemeldet hatte und schrieb ich an den Regt. Kmdeur, und dieser holte Erkundigungen ein und verlangte die Vorlage des Ariernachweises, den er ja nicht erbringen konnte und wurde darauf . . . aus dem Heeresverband entlassen. Daraufhin schrieb er ein Gesuch an die Veitscher Magnesitwerke . . . Ich habe später einmal bei der Gestapo am Morzinplatz wegen dieser Angelegenheit vorgesprochen, aber man hat mir erklärt, für solche Sachen ist heute keine Zeit! – Nachdem heute der Volkssturm aufgerufen wurde, erachte ich es als meine Pflicht, von dem Fall Meldung zu erstatten, denn ich sehe nicht ein, daß man Halbjuden so rücksichtsvoll behandelt, die Arier setzen ihr Leben ein und kämpfen bis zum Letzten, geben ihr Höchstes für unseren geliebten Führer, und diese Elemente sitzen im Hinterland . . . und schänden deutsches Blut.

(Mit vollem Namen und Adresse gezeichnet.)

Dabei steht: derzt. vorsorglich umquartiert in Retz, ND . . . Ich bin jederzeit bereit, dem Halbjuden Franz M. oder seiner Mutter Frau Karoline M. gegenübergestellt zu werden . . . , denn die Zeit ist viel zu ernst, daß man solche Gaunereien verschweigt. Heil Hitler!

*

Und mein Altgsell sagt: Geh, stell die Fräsmaschin schneller wegen dem Endsieg. Und ich stell sie auf ganz schnell und krach! Und er schreit: Was hast denn gmacht! und grinst. Und der Nazi hat sich nix sagen traut. Und der Master hat mir Sachen zum Arbeiten geben, die ich als Lehrling gar net hätt machen dürfen. Wir haben a Musterstück für a Flugzeug, a Düsen oder so was ähnlichs, in Auftrag kriegt. Ich hab müssen lauter winzige Löcher bohren, und da hab ich jeden Augenblick ein' Bohrer abbrochen. Ich weiß net wieviel im Tag, vielleicht 20, 25 Bohrer, die man schwer kriegt hat. Und der Altgsell hat mich fleißig Bohrer abbrechen lassen und des Düsenversuchsstückerl oder was das war, is ewig net fertig worden.

*

Im Namen des deutschen Volkes!

In der Strafsache gegen den Maler Johann Freudenthaler aus Freistadt, dort geboren am 22. November 1899, den Molkereimeister Josef Haunschmidt, geboren in St. Oswald, den Rauchfangkehrermeister Franz Tischler, geboren in Eggershain, den Geschäftsführer Ignaz Baier, aus Neumarkt 9 im Mühlkreis (Oberdonau), die Ehefrau Karoline Zemann aus Freistadt (Oberdonau), den Gemeindesekretär Leopold Kotzmann aus Sandl Nr. 5 (Oberdonau), geboren am 15. November 1884 in Woikowitz, den Diplomingenieur Konrad Richter aus Freistadt, den Angestellten Johann Schöfer aus Lasberg (Oberdonau), das Lehrmädchen Liselotte Leithenmair aus Freistadt, den Brauereiangestellten Franz Leithenmair aus Freistadt – sämtlich zur Zeit in dieser Sache in Haft – wegen Vorbereitung zum Hochverrat, hat der Volksgerichtshof, 5. Senat, auf Grund der Hauptverhandlung am 27. Februar 1945, an welcher teilgenommen haben als Richter:

. . . für Recht erkannt:

. . . Die Angeklagten Freudenthaler, Haunschmidt, Tischler, Baier, Karoline Zemann, Richter und Franz Leithenmair haben für eine staatsfeindliche Organisation Spenden geleistet. Haunschmidt hat sich bereit erklärt, etwa sich annähernden Feindtruppen als Ortskundiger den Weg zu zeigen. Kotzmann hat durch Namhaftmachung von „guten Österreichern“ an den Hauptfunktionär dessen staatsfeindliche Bestrebungen unterstützt. Schöfer hat Spenden gesammelt. Liselotte Leithenmair hat auf Geheiß ihrer Arbeitgeberin ihren Vater zur Hergabe von Spenden zu hochverräterischen Zwecken veranlaßt. Je nach dem Grad ihres Verschuldens werden verurteilt: Haunschmidt, Baier, Kotzmann und Schöfer zum Tode, Tischler und Richter zu je sechs Jahren Zuchthaus, Karoline Zemann und Franz Leithenmair zu je vier Jahren Zuchthaus, Freudenthaler zu zwei Jahren Zuchthaus, Liselotte Leithenmair zu zwei Jahren Jugendgefängnis. Sämtliche Angeklagten haben

auch die Kosten des Verfahrens zu tragen. Die Richtigkeit der vorstehenden Abschrift wird beglaubigt und die Vollstreckbarkeit des Urteils bescheinigt. Potsdam, den 3. März 1945.
(Gekürzt. Aus dem Österreichischen Dokumentationsarchiv der Widerstandsbewegung.)

DIE LEUT MIT DIE LAVUR

Auf der Unter-Meidlingerstraßen is ein Pferd glegen. Ein erschossenes. Da sind die Leut hin, denn das hat man doch immer gleich gwußt, wenn wo was zum Holen war. Mit Kübeln sind s' gangen. Und da ist das Pferd glegen auf der Straßen. Die Leut sind mit Messer und Hackeln drauflos, denn sie haben's ja net or'ntlich zerteilen können. Wie die Wilden sind s' auf das tote Pferd los. Dabei haben s' zum Beispiel die Blase zerschnitten, und es is alles über das Fleisch gronnen. Jedenfalls, wie wir hinkommen sind, war das Pferd nur mehr a Skelett. Und die Leut sind dortgstanden und haben gwartet, was jetzt ist. Und da haben a paar Männer halt des Pferd umdreht. Das war schwer! Und dann hat's ausgschaut wie neu! Und die Leut sind wieder drüber her mit ihre Hackeln und Messer. Und dann haben wir uns a Gulasch kocht . . .

Am Schwarzenbergplatz war ich grad mit dem Radl. Grad vor dem Schwarzenbergkino haben s' a Kuh gschlacht. A paar müde, zittrige Pferdln, die nimmer weiterkönnen haben, sind dabeigstanden. Und die Leut rundum mit die Lavur, haben gwart, daß wer denen Viechern eine am Schädel haut.

*

Es gibt einen falschen Selbsterhaltungstrieb, der aus Angst vor dem Sterben zum Tod führt, und es gibt einen echten

Willen zum Leben, der gerade durch den rückhaltslosen Einsatz des Lebens den Tod überwindet.
(„Kleine Wiener Kriegszeitung", 4. März 1945).

*

Beim Berger-Eck war dann a unentschärfte Bomben. Die Gefangenen haben s' entschärft. A Justizsoldat mit ein Sack is sammeln gangen für die Gefangenen. Es waren lauter Ostarbeiter und Franzosen. Wir haben ihnen immer was gschenkt und Brotkarten zugesteckt. Am Eck war ein Wirt. Wie die Bombenentschärfer kommen sind, haben wir ihm gsagt: Schaun S', geben S' auch was her. Was haben S' denn davon, wann die Bomben losgeht? Und die brauchen doch was z'essen, die armen Teufeln, wenn s' schon unsere Bomben entschärfen. Mir scheint, er hat dann auch was hergeben. Er war a alter Nazi, aber vielleicht hat er sich damals schon denkt, wer weiß, wie's kommt.

*

Es kann gar nicht so schlimm kommen, daß wir umfallen, denn wenn jeder von uns den Willen hat, zwei, drei Feinde mitzunehmen, bevor er selbst ins Gras beißt, dann haben wir den Krieg gewonnen. Das ist die Antwort des echten Willens zum Leben auf alle tödlichen Illusionen des falschen Selbsterhaltungstriebes. („Kleine Wiener Kriegszeitung", 4. März 1945)

ÜBER TRICHTER ZUM KONZERT

Das Fenstereinschneiden bzw. das Vermachen der Fenster war eine Beschäftigung, von der man in der Zeit nimmer loskommen is. Öl hätt ma mehr gebraucht. Wenn man a Papier mit Öl tränkt, wird es lichtdurchlässiger.

*

Wir haben allen Ballast abgeworfen, den wir bisher durch unser Leben schleppten, den wir bisher fälschlich Kultur nannten und der doch letzten Endes billige Zivilisation war. („Kleine Wiener Kriegszeitung", aus einer Gauleiterrede vom 5. März 1945)

*

In der Zeit war ich einmal am Weg ins Philharmonische Konzert. Der Himmel war ganz rot. Man war's schon gewohnt, solche Wege, es hat einen gar nicht mehr aufgeregt, wenn man so durch ein Sperrgebiet mit Zeitzünder durch ist. Nach zweistündigem Fußmarsch war ich endlich dort. Und sie haben tatsächlich gespielt. Aber der ausverkaufte Konzertsaal war halbleer. Ich glaub, damals hat der Clemens Krauß dirigiert. Und wie sie gespielt haben, hat man Zeit gehabt zum Denken: Wo sind denn diese Leut, die da auf die ausverkauften Plätz sitzen sollten? Liegen s' wo oder sind s' nur net da, weil die Straßenbahn net fahrt? Wien hat brennt, und die Philharmoniker haben musiziert. Und wir sind hingangen.

*

Wer sich wie wir von aller materiellen Gebundenheit gelöst hat, für den gilt das Wort Jakob Böhmes: „Wer nicht stürbet, ehe er stürbet, der verdürbet, wenn er stürbet." Dem aber, der so sieht, eröffnet sich eine neue Welt. In ihr erschaut er, was er bisher nur glaubte. (Aus derselben Gauleiterrede vom 5. März 1945)

ABSUD

Der Zahnarzt hat an alten Juden im Haus versteckt. Niemand hat's gwußt, wir haben's alle erst nachher erfahren.

*

Für noch legal existierende Juden gab es eigene Lebensmittelkarten. Brot, Kaffee-Ersatz, Schuhcreme, Seife, Nummern für Zwiebeln und Dörrgemüse, aufgedruckt auf einer gelben, auf einer rosa Lebensmittelkarte. Und über jedem Abschnitt quer der Aufdruck: JUDE. Auf der Rückseite einer solchen Lebensmittelkarte stand gedruckt:

Kochanleitung: Gemüseabsud aus Gemüseabfällen. Zwiebelschalen, Erbsenhüllen, Fisolenfäden, Paradeisschalen, Karfiolstangen, Spargelabfälle, Kohlrabischalen, gut gereinigt, eine halbe Stunde kochen, abseihen, mit einer beliebigen Einlage versehen. Dieser Sud ist äußerst schmackhaft, reich an Nährsalzen und daher besonders wertvoll für Kinder und Kranke. Anmerkung: Es ist ratsam, sich einen Teil der Gemüseabfälle zu trocknen und dann gemischt im Winter zu verwenden.

DIE MÜHLVIERTLER HASENJAGD

Ich habe selbst in der Sowjetunion gekämpft, aber nie etwas von Teufelsöfen, Gaskammern und ähnlichen Erzeugnissen einer kranken Phantasie bemerkt. (Generaloberst Guderian, Rede in der „Kleinen Wiener Kriegszeitung“ vom 7. März 1945)

*

Im Feber zu Lichtmeß sind sie ausgebrochen, und das ist gegangen bis in den Mai hinein. 3 Monate und 8 Tage haben wir durchgehalten.

*

Die Gefangenen sind ohne Schuhe geflohen. Drei Tage hatten sie nichts zu essen . . . In den Wäldern hört man immer schießen. Auch unsere Leute machen es schon zum Teil der SS nach, die ohne Erbarmen jeden niederknallt, der erwischt wird. Die Toten werden auf den Weg geworfen. Volkssturmmänner, die Gefangene einbringen, werden beschimpft, daß sie diese nicht sogleich erschlagen haben.

9. 2. 1945: Der Gefangene, der neulich im Lindederholz gefangen wurde, wurde von einem Mädchen gesehen. Er war schon halb starr vor Kälte. Im Wirtshaus bekam er Fleisch, . . . Franz gab ihm auch sein Essen. Er mußte lange warten. Von Perg wollten sie, daß sie ihn gleich erschießen sollten, das tat unser Volkssturm nicht. In der Wartezeit schrieb er an seine Eltern bei Lublin, daß sein letzter Tag gekommen sei, sagte der Ukrainerin dort, sie solle den Brief abschreiben und heimschicken. Er weinte furchtbar. Nun wird er auch schon ausgelitten haben. Er sah wie ein 40jähriger aus, ganz eingefallen, mager, und war doch nur etwas über 20 Jahre alt.

(Tagebuch Pfarrer Josef Ratgeb aus Allerheiligen, 2. bis 9. 2. 1945; dann Berichte von Bäuerinnen und Bauern)

*

Ein Russe ist zum Küchenfenster gekommen, dieser hat der Polin erzählt, daß 300 KZler ausgebrochen sind. Diese beiden konnten sich verständigen. Er war so hungrig, daß er auf der Stelle einen halben großen Laib Brot zusammengegessen hat, und dazu hat er Milch getrunken. Dann haben sie ihm in einem Sackerl gekochte Kartoffeln mitgegeben. Nach einigen Stunden haben sie den Mann ein Stück von uns entfernt gefangen, denn dort lag das Sackerl mit den Kartoffeln, das er dort wegwerfen mußte. Und dann hat das Massaker begonnen. Dauernd hat man schießen gehört.

*

Der W., das war ja ein ganz Besserer gewesen. Er hat uns gehunzt, beim Volkssturm, wenn es nur gegangen ist. Früher bin ich in Bauernversammlungen ab und zu gegen ihn aufgetreten. Es war nicht leicht, wir haben kleine Kinder gehabt.

*

Die KZler sind zwischen dem Stroh und dem Heu im Stadl glegen. Es war ja furchtbar, der hat vom Volkssturm verlangt, daß er sie gleich hinunterwerfen soll über die Stiegen auf den Gang. Wie sie unten gelegen sind, haben sie sich wieder aufgerichtet, haben die Hände in die Höhe gehoben, d. h. sie haben sich ergeben. Man hat sie an Ort und Stelle erschossen. Einen haben sie schlecht getroffen, der hat gestöhnt, auf den haben die Volkssturmmänner noch einmal schießen müssen. Ein Mann ist davon, er ist beim Dach abgesprungen. Wo er hingekommen ist, weiß ich nicht. Was sich da abgespielt hat, ist nicht zu sagen.

*

. . . die zur Durchsuchung zu uns gekommen sind, hatten von meinem Mann verlangt, er soll sie aufstöbern. Mein Mann hat das abgelehnt, darauf sind sie hinauf, dann haben sie zwei heruntergeschossen. Der Nachbar war auch dabei. Wie dies geschehen war, ist es mir vorgekommen, als wenn jemand von oben weggesprungen wäre und davongelaufen ist. Acht Tage später haben wir Schab (Hächsl) geschnitten. Den Schab haben wir auf den Boden hinaufgetragen. Schau einmal durch das Bodenfenster und denk mir dabei, schau, da kommt ein Eisenbahner herüber. Wie er zum Dörrhäusl kommt, sehe ich, daß er ein Sträflingsgewand an hat. Er ist herzugekommen, ausgesehen hat er ganz verschreckt, eine gefrorene Rübe hat er unter dem Arm gehabt. Er hat um Zünder gebeten, ist aber dann gleich wieder weg. Ich habe in einem Körbl Essen zusammengetan, und wir sind der Spur in den Wald nachgegangen. Dort ist er unter einem kleinen Nadelbaum gekniet, dort hat er einen Fetzen gehabt, den er aufgelegt hat, wo wir ihm das Essen darauf gelegt haben und sind wieder weg. Wir haben ja aufpassen müssen.

Am anderen Morgen ist die Polin gekommen und hat gesagt: „Mann wieder da." Er ist zum Stallfenster gekommen. Wir haben Milch gekocht und Ziegel gewärmt, damit er sich aufwärmen kann. Dann haben wir ihm noch etwas zum Essen mitgegeben, und er ist wieder fort. Am nächsten Tag ist er wiedergekommen. Und am dritten Tag ist die Polin gekommen: „Mann wollen dableiben!" Mein Mann ist noch im Bett gelegen, ich habe ihn gefragt, der KZler möchte dableiben. Mein Mann sagte, dann soll er dableiben und sich verstecken im Stroh. Es war sehr viel Stroh da, und dort ist er hinauf. Die Polin hat sich gefürchtet, so habe ich den Eßkorb zu ihm hinaufgebracht. – Einmal ist der Rauchfangkehrer gekommen, das war ein Nazi, da bin ich gerade zu ihm hinüber. Es waren immer Gefahren. Ob er was geahnt hat, weiß ich nicht, auf jeden Fall, Anzeige hat er nicht gemacht. Einmal ist wieder eine Streife gekommen. Wir hatten Blunzen (Blutwurst) gehabt. Most hatten wir auch immer, einen sehr guten. Da hat man ihnen Most gegeben, es waren 4 oder 5 SSler, die gekommen sind. Wir haben ihnen Blunzen angeboten. Sie haben gesagt, das ist einmal was anderes. Sie sind zum Essen gewesen, unterdessen kommt noch einer mit einem Hund daher. Der hat sich nicht zu diesen gesetzt. Ich habe ihn gefragt, ob er nicht auch welche will. Er war ein mürrischer Mensch, er hat es abgelehnt. Seine Kollegen haben ihm zugeredet, er soll doch was essen. Das war 3 oder 4 Wochen nach dem Ausbruch.

*

(dazu der Sohn): Dem Hund hat sie auch etwas zum Fressen gegeben. Sie haben von ihrer Tätigkeit erzählt, unterdessen ist ein Fliegerangriff gewesen. Wir sind bei einem solchen Angriff immer hinaus. Die sind mit hinaus, und wie dieser vorbei war, sind sie wieder weitergezogen. Solche Situationen gab es 2–3mal, wo sie durch eine Jause abgelenkt wurden.

*

In unserer Wagenhütte sind auch welche versteckt gewesen . . . Wir Kinder haben erst später davon erfahren. Es war das Frühjahr schon da, wir haben Mist geführt. Wir haben vom Nachbar ein Jagdgewehr bekommen, mit der Bemerkung, wenn irgend etwas wäre, daß wir uns wehren können. Wir Buben waren damals 13–14 Jahre alt. Wir sind mit dem ungeladenen Gewehr herumgelaufen und spielten Russen suchen. Unsere Eltern haben uns sehr zusammengeschimpft. Das Gewehr haben wir in die Stube tragen müssen. Im Stadl haben wir auf einmal Menschenkot gefunden, wie wenn gerade jemand seine Notdurft verrichtet hätte. So sind wir hinein zu den Eltern und haben ihnen erzählt, daß ein Russe hingemacht hat. Unsere Eltern sind verlegen, ganz rot im Gesicht geworden, und so haben sie uns gebeichtet, was los ist. Dann haben wir auch hinüber mit dem Essen gehen dürfen. Es war ein russischer Offizier, erlernter Beruf Maschinenschlosser. Er hat uns aus 10 Pfennigstücken und aus Aluminiumrohren Fingerringe und Kreuzl gemacht. – . . .

(Dazu der Vater): Wie die Kinder von dem erfahren haben, daß wir einen KZler versteckt hatten, waren sie standhaft und haben nichts verraten.

*

In England, in Amerika, haben sie nach dem Krieg über unsere Angelegenheit geschrieben. Ich habe das nicht beachtet, es ist ja meine Pflicht, Menschen zu helfen, wenn jemand in Not ist. Ich bin ein Christ. Der Herrgott ist für die ganze Welt, nicht nur für die Deutschen. Ich habe sie nicht gefragt, welcher Partei sie angehören, um gar nichts habe ich sie gefragt, das war mir ganz gleich, nur weil sie Menschen sind. Daß sie Russen waren, haben wir schon gewußt.

Mein Sohn war beim Volkssturm, der war damals 24 Jahre alt. Er ist damals nach Hause gekommen, er hat gesagt, Mutter, du glaubst es nicht, wie die Menschen arm sind. So hilflos und grausig werden sie hingemordet. So grauslich, Mutter. – Wir haben fünf Söhne im Krieg gehabt, ich habe bei mir immer gedacht, wenn es den Meinen im Feindesland auch so geht wie bei uns, ist es schrecklich. Wenn zu mir welche kämen, ich ließe sie nicht umbringen, ich würde ihnen das Leben retten.

Es war sieben Uhr früh, es war zum Kirchengehen. Ich habe mir gedacht, es kommt keiner, daß ich ihnen helfen kann. Der Fredl ist nach Hause gekommen, der hat wieder erzählt, Mutter, es war so furchtbar. – Ich habe mir gedacht, daß ich keinem helfen kann! Es sind nicht fünf Minuten vergangen, da hat mich der Herrgott beim Wort genommen.

Es hat rückwärts ganz leise geklopft, halt, jetzt ist einer draußen. Ich bin zur Tür, mache sie auf, und es steht eine Gestalt draußen. Eine Decke hatte er umgehängt gehabt, in diese hat er ein Loch geschnitten, wo er den Kopf durchgesteckt hatte. Schuhe hatte er schon an und einen Hut. Das haben sie schon irgendwo erwischt. Er wollte es nicht sagen, daß er ein KZler ist. Aber ich habe ihn schon an der „Hitlerstraße" erkannt (im KZ Mauthausen hat man den Häftlingen einen Streifen aus den Kopfhaaren herausgeschnitten). Er hat ganz erbärmlich ausgesehen, und ich habe gesagt, ich weiß schon, wer du bist, armer Teufl, und hab ihn am Oberarm genommen. Ich spürte nur den Knochen, komm herein. Er hat sich zum Ofen gestellt, ich sehe es heute noch, er hat die ganze Küche abgeschaut, auf das Kreuz, ob wir ein Hitlerbild herinnen haben. Dann hat er gesagt: „Nicht Polizei sprechen." Ich habe gesagt, nein, brauchst dich nicht fürchten, ich nichts Polizei sprechen. Er hat ja in uns nicht hineingesehen, wie wir sind. Ich kann ihm was zu essen geben und dann die Polizei holen, das sollen sogar viele gemacht haben. Er hat ja in uns nicht hineingesehen. „Weißt du was, ich habe fünf Söhne im Krieg, ich will, daß alle meine Söhne vom Krieg nach Hause kommen, und du hast auch vielleicht noch eine Mutter, die will, daß ihr Sohn nach Hause kommt." – „Ja, ich bin ein Mensch, hab ein Herz im Leib und habe auch eine Mutter." – „Ich will dich verstecken", habe ich zu ihm gesagt. „Ja, Mutter, bitte, bitte!" Und hat mich bei der Hand genommen. „Bitte, Mutter, wo ist Vater?" – „Ja, ich werde mit Vater sprechen, damit er nichts tut." Dann bin ich zum Vater (Ehegatten) gegangen. Vorerst habe ich ihm eine Suppe und Brot gegeben, und dann bin ich zum Vater gegangen. Hab ich gesagt: „Vater, hast du gehört? Ein KZler ist gekommen." Er: „Ich glaube, ich hab was gehört." – „Bitte, bitte, bitte Vater!" Mit aufgehobenen betenden Händen hab ich das getan. „Tu ihm nichts, behalten wir ihn."

„Das können wir doch nicht machen, weil wir werden alle ins Lager kommen. Wir werden doch hingerichtet, das dürfen wir nicht tun."

„Ja, Vater, das weiß ich schon. Wenn der Herrgott es haben will, dann kommen wir durch." „Willst ihn auch futtern?" „Um das Futtern fragen wir zuerst nicht", hab ich gesagt. „Das ist doch selbstverständlich." „Das geht doch gar nicht, das geht doch gar nicht", hat er gesagt. „Vater, bitte, solange bis die Sucherei ein Ende hat. Einige Tage, bis die Morderei beendet ist." „Von mir aus, ich tu ihnen sowieso nichts. Von mir aus einige Tage." Und diese sind nicht beendet worden bis zur Befreiung. Er ist ja auch gleich mitleidig gewesen mit ihnen.

Der Fredi ist in der Stube drinnen gewesen, noch angezogen vom Volkssturm, wie er bei der Nacht ausgerückt war, die KZler zu suchen. Er war damals 24 Jahre alt, er ist herausgekommen in die Küche. Der Michael ist beim Tisch gesessen und hat gegessen. Wie er meinen Sohn gesehen hat, wollte er davonlaufen, er hat gedacht, das sei ein Soldat, der ihn jetzt erschießen wird. Ich hab zu ihm gesagt, fürcht dich nicht, das ist mein Sohn, er tut dir nichts. – „Sitz nieder und iß weiter", hat mein Sohn gesagt, „ich tu dir wirklich nichts".

*

Ein Sohn war an der russischen Front, er hat Urlaub gehabt. Ich habe den Vater gefragt: Sollen wir ihm's sagen? Der Vater hat gesagt: Er kämpft gegen die Russen, wir sagen nichts.

Am Montag war ein Requiem, es ist einer gefallen vom Dorf. Da sind wir, die Kleine und ich, zum Requiem gegangen. Der Fredi hat schon wieder zum Volkssturm gehen müssen. Der ganze Marktplatz war voller Volkssturmmänner gewesen. Der Volkssturmführer, der hat gesagt, keiner darf lebend hereinkommen, alle müssen erschlagen, erstochen oder eventuell erschossen werden.

*

Aus dem Wegweiser durch das ehemalige Konzentrationslager Mauthausen:

. . . Der Block 20: . . . wurden in diese Baracke hauptsächlich solche Häftlinge eingewiesen, die als Offiziere aus den Kriegsgefangenenlagern geflüchtet waren. Sie waren dem Tode geweiht. Die Baracke erhielt daher auch oft die Bezeichnung: Vernichtungsblock. Man ließ die Gefangenen hier einfach langsam verhungern. Die Baracke war mit eigener hoher Steinmauer umgeben, und zwei Wachttürme sollten jeden Ausbruchsversuch verhindern. Hier verhungerten über 5.000 Menschen, größtenteils aus der Sowjetunion. Anfangs Februar 1945 haben die noch aktionsfähigen, aber völlig waffenlosen Insassen einen mutigen Ausbruch unternommen. Eine größere Gruppe von Häftlingen flüchtete. . . . Die SS nannte das Einfangen dieser Häftlinge „Die Mühlviertler Hasenjagd".

BIN I DEPPERT?

Wir haben a Menge Verbindungen ghabt zu die verschiedensten jungen Leut. Auch zu die, die man damals Schlurfs gheißen hat. Die haben sich z. B. die Haar lang wachsen lassen, erinnerts euch? Das war ihre Art Opposition. Sie haben sich von die Nazi net alles wollen vorschreiben lassen. Es war a unbewußter Widerstand, wannst willst! Sie haben net wollen einrücken, sie haben auch net zu uns kommen wollen. Es war ihnen zu gefährlich. „Bin i deppert, daß i was mach?“, sagte einer. Er ist dann bald darauf gefallen. A Menge von ihnen sind draufgangen an der Front. Es hat sich herumgeredt, daß ein Gipshaxen oder eine brochene Hand die Einberufung hinausschiebt. Damals sind – schon vom Sommer 1944 an – im Kongreßbad a Menge junge Leut umgrennt in Gips. Es hat sich herumgredt, daß es welche gibt, die da was tun. Konkret hat das so ausgschaut: Man hat ein Nudelwalker in ein Handtuch gwickelt, zwei Nachtkasteln zammgstellt und der Einberufene hat den Arm drübergelegt. Und ein anderer hat draufghaut. Beim Fußbrechen hat man ein Schemel braucht. Den Fuß am Schemel und von ein Tisch oder Kasten is einer draufgsprungen, ders Herz dazu ghabt hat. Das war natürlich net organisiert, das hat sich halt so umadumgredt, und a brochener Fuß war gscheiter, als sich für die Nazi erschießen lassen . . .

*

Aus einem Bericht aus „Kleine Wiener Kriegszeitung“ vom 9. März 1945 über einen Bunkerkampf:

. . . Zwei Stunden später belegte der Feind den Bunker erneut mit starkem Artillerie- und MG-Feuer, auch mit direktem PAK-Beschuß. Dann fordert ein Lautsprecher zur Übergabe auf: „Schonen Sie das Leben Ihrer Besatzung, der Kampf ist aussichtslos. Ihr seid ein zusammengewürfelter Haufen von Troßknechten und habt doch keine Kampfkraft mehr . . .“

Gleichzeitig arbeitet sich ein Sprengkommando im dichten Nebel heran . . . Durch die Detonation werden im Schartenraum drei Panzerfäuste, 16 Handgranaten und zwei Nebelköpfe zur Explosion gebracht. Sie verletzten zwei Männer schwer . . . Ein Obergefreiter, der für den Kampf mit der Waffe in der Hand nicht mehr in Frage kommt, weil er das Augenlicht verlor, besetzt das Telephon . . .

*

Sie wurden von mir vorgestern längere Zeit beobachtet, wie Sie in sehr kameradschaftlicher Weise mit dem Ostarbeiter Nr. 41 und dem griechischen Staatsangehörigen Dalaras verkehrten. Sowohl der Grieche als auch der Ostarbeiter haben während der Arbeitszeit durch längere Zeit hindurch auf einer Bank Platz genommen und sowohl Sie als auch die beiden oben Angeführten haben durch längere Zeit hindurch nicht gearbeitet. Es widerspricht unserer Lebensauffassung, wenn Sie mit diesen Leuten Verbrüderung feiern. Die Ausländer sind wohl korrekt zu behandeln, jedoch ist jeder kameradschaftliche Annäherungsversuch striktest zu unterlassen. Sie haben als Deutscher mit gutem Beispiel voranzugehen und den obgenannten Nationen durch Ihr Benehmen zu zeigen, daß wir die führende und herrschende Nation sind. Durch ein Verhalten, wie Sie es an den Tag legen, fallen Sie den an der Front kämpfenden Kameraden in den Rücken. Ich verwarne Sie hiermit auf das schärfste.

Heil Hitler!
Wiener Lokomotivfabrik Aktiengesellschaft
Betriebsdirektion (Unterschrift)

(Dazu der Betriebsobmann):

Ist das ein Benehmen eines deutschen Arbeiters?
Betriebsobmann (Unterschrift)
(Brief, DÖW)

ÄRGER MIT DER BADEWANNE

11. März 1945: *Ärger mit der Badewanne: Im Zeichen der Kohlen- und Gasersparnis leisten wir uns nur noch selten ein warmes Bad. Treu und brav aber hält inzwischen unsere Badewanne das Löschwasser für einen eventuellen Brand bereit. Bisweilen saugt sich nun der Stöpsel in dieser Zeit so fest an, daß wir ihn nur mit der Zange herausziehen können, wollen wir nicht riskieren, daß die Kette reißt. Es ist aber beides von Übel, die zerrissene Kette und die Anwendung der Zange. Der Spengler, den wir heute für derlei Kleinigkeiten nicht bemühen dürfen, rät uns daher, beim Einstecken des Badewannenstöpsels in die Abflußöffnung einen dünnen Lappen um den Stöpsel zu legen, an dessen Zipfeln wir das tückische kleine Ding dann leicht herausziehen können.*

In der gleichen Nummer: *Opernhaus der Stadt Wien: Anläßlich des Heldengedenktages wird heute statt „Opfergang" der Film „Germanin" gegeben.*
(„Kleine Wiener Kriegszeitung", 11. März 1945)

DIE OPER IN FLAMMEN

Also einer der letzten Bombenangriffe auf Wien war der vom 12. März, der hat für mich und für meine Kollegen im Verlag begonnen und hat dann vor der Oper geendet. Ja, und da waren vorher schon einige heftigere, in der Innenstadt – auch Treffer – wie dann entwarnt worden ist, sind wir natürlich nachschauen gegangen, aber da war vorher noch das eigentliche – also das eigentliche Naherlebnis. Ich hab damals dem Luftschutzwart als kleine Assistentin geholfen, daher waren wir im Augenblick des Einschlags des Volltreffers nicht im Keller, sondern oben im ersten Stock in den Büros. Weil grad eine kurze Pause war, und die wollten wir ausnützen, schaun, ob oben irgendwas brennt oder Schäden sind, weil's ja rundherum schon gebrannt hat.

Und daneben in dem Bankgebäude, da war damals der Deutsche Ring, diese Versicherungsgesellschaft, da hat's ja eine Menge Leute erschlagen im Keller. Ich weiß jetzt nicht mehr, ob an demselben Tag, aber jedenfalls in dieser Zeit. Und wir haben also immer wieder nachgeschaut, wenn's ruhiger geworden ist, und in dem Augenblick kam der Volltreffer. Wir haben's nicht pfeifen gehört, wie wenn's ganz nahe einschlägt, und dann gab's also einen ohrenbetäubenden Knall, und wie ein Dackel bin ich so instinktiv unter einen Schreibtisch gefahren, so: hiiiiiii – und hab zunächst weder gehört noch gesehen noch geatmet, weil ja der Staub alles verstopft hat, und wie sich's dann so langsam gelichtet hat, haben wir nur gegenseitig Laut gegeben und gesagt: Bist noch da? Wir drei haben uns langsam aufgerappelt, den Staub herausgebeutelt aus uns, das eine war der Lagerhalter, der ist dann bei einem der letzten Angriffe doch noch gestorben, und das andere war ein Vertreter, der zufällig im Haus war. Naja – und dann haben wir halt das Gefühl gehabt: noch einmal davongekommen, wie lange weiß man nicht. Mit einer gewissen Sorte von Galgenhumor sind wir hinunter in den Keller und haben also dort die andern zu unserem Erstaunen wohlbehalten vorgefunden. Daß damals so viele Leute totgewesen sind, haben wir erst nachher erfahren. Und nach der Entwarnung haben wir dann gewagt, aus dem Fenster zu schaun, und da war diese Häuserzeile gegenüber, die war ja fast ganz zerstört. Also die graden Hausnummern, da war kaum mehr was, das war alles bis auf den ersten Stock oder auf die Grundmauern zerstört und Rauchschwaden überall.

Wir haben uns dann durchgekämpft und wollten sehen, was noch alles passiert ist, haben schon gehört von anderen, die aus Richtung Oper gekommen sind, daß es dort ganz arg gewesen sein soll, da mußte man sich auf abenteuerlichen Umwegen zwischen Schuttbergen und dann von der Zweierlinie aus der Oper nähern, näher ist man nicht gekommen, wir konnten nicht durch die Stadt durch, weil ja die Augustinerstraße und die Albrechtsrampe, der Philipshof – wo dann hunderte Leichen noch jahrelang – das heißt, es liegen ja jetzt noch welche unten – und wo jetzt dieser Dreieckpark ist, dort war der Philipshof – das sollte ja auch nicht verbaut werden, da gehört ja eigentlich ein Mahnmal hin. Und unter der Albrechtsrampe, dem Augustinerkeller, hat's natürlich auch eine Menge Leichen gegeben. Und was uns aber damals am meisten beeindruckt hat, waren die Flammenwände. Die Kunstakademie war von der Zweierlinie her gesehen nur eine Flammenwand. Und wenn man dann das Stückerl weitergegangen ist bis zur Operngasse, bis zur verlängerten Kärntnerstraße, hat man dasselbe, aber nicht so – nicht so sehr das Gebäude verdeckend bei der Oper gesehen. Da war wohl auch eine Flammenwand, aber dazwischen immer so Baureste. Und die Leute sind also davorgestanden und – es ist wie ein – wie ein leises Stöhnen durch die ganze Menge gegangen – entweder war's das Gemurmel – es war ein Schmerzenslaut, der ohne weiteres zu erkennen war als solcher. Jeder hat halt beim ersten Anblick etwas gesagt wie: oh. Und da sind wir lang gestanden. Und dann haben wir uns halt den Weg nach Haus gebahnt. Und das war – Ottakring war fast eine Insel der Seligen gegenüber diesem Inferno da in der Innenstadt. Das war der zwölfte März.

*

Amerikanische Bomberverbände flogen gestern um die Mittagszeit in das Gebiet des Reichsgaues ein und warfen Sprengbomben verschiedener Kaliber über unserer Stadt ab. Es entstanden Personenverluste und Sachschäden, vorwiegend in Wohngebieten. Außer zahlreichen Wohnhäusern wurden auch die Staatsoper, das Kunsthistorische Museum, die Neue

Hofburg und andere Kulturbauten getroffen, der Stephansdom hat einen Treffer im Sakristeitrakt erhalten, ferner wurden das Burgtheater und das Deutsche Volkstheater beschädigt. Eine Anzahl von feindlichen Flugzeugen wurde abgeschossen. Da auch wiederum Langzeitzünder abgeworfen wurden, wird die Bevölkerung aufgefordert, sich an die Absperrvorschriften genau zu halten.
(„Kleine Wiener Kriegszeitung", 13. März 1945)

*

Erinnerst dich, daß man damals grüßt hat: „Bleib über!" Oft sind kulturelle Veranstaltungen unterbrochen worden wegen Alarm. Aber es war Ehrensache, daß man geht, Mode, wenn du willst. Wie alt waren wir damals. Noch keine achtzehn Jahr. Oder noch jünger. Man ist hingegangen. Es war fesch. Man hat geglaubt, man traut sich was. Vielleicht wollt man einander auch noch sehen. Nicht alle Lampen haben gebrannt. Düster war's. Ich komm aus einem bürgerlichen Kreis. Meine Mutter war eher monarchistisch eingestellt, wenn überhaupt etwas. Ich erinnere mich an ihre Freundinnen. Da gab's wöchentlich einen Bridgeabend und einen Kammermusikabend. Und es ist immer gespielt worden und es sind, wenn's irgend ging, immer alle gekommen.

Weißt du, das Bridge – wie diese Musikabende –, das war die Haltung. So, als gäb es das Dritte Reich nicht. So: man läßt sich nicht stören von Bomben. Denn das geht vorbei. Es war ihre Art Haltung. Und wir jungen Leute waren trotzdem fröhlich. Es war Tanzverbot. Und wir haben Feste gefeiert. Kostümfeste. Justament. Wahnsinnig getrunken. Und in der Oper auf der 4. Galerie haben wir Walzer getanzt. Weil's fesch war, daß man sich's getraut hat. – Widerstand? Nun ja, getan hat man eigentlich nichts. Man war nicht für die Nazi. Man hat bei der „Johanna Balk" gebrüllt und Pfui gerufen. Das ist die Oper von Wagner-Regni, wo ein Tyrann gestürzt wird.

Eigentlich eine revolutionäre Oper, man konnte es so auffassen, und gegen die Nazi. Aber weil der Schirach aus irgendwelchen Gründen befohlen hat, daß sie aufgeführt wird, waren wir dagegen. Ausgezischt haben wir sie. Ein paar Zischende haben s' abgeführt damals. Mich haben s' grad nicht erwischt. Nach der 4. oder 5. Aufführung sind sie draufgekommen, ein paar Bonzen, was das für eine Oper is. Und sie haben sie abgesetzt. Ich erinner mich: da gab's einmal eine Troubadourinszenierung vom Schuh – der hat's zuwege gebracht, die Tyrannen anzuprangern. Eine Jagd auf offener Bühne auf eine Zigeunerin, und im Kerker lauter Reiter aus Draht wie im KZ. – Bei uns in der Opernclique gab's viele rassisch Geschädigte, Halbjuden und Juden. Ein Mädel trug immer den Mantel überm Arm, damit man den gelben Stern nicht sieht, und wir haben uns auch vor sie gestellt.

HEIM INS REICH

Der Milchhändler hat gsagt, was die Jüdin mitnehmen darf, wie s' auszogen is. Und der Kohlenhändler hat ihr 's Wagerl gliehen. Die Kohlenfrau hat gweint. „Wie die mit die Leut umgehn!"

*

Es war damals, in jenem sonnigen und schönen Märztagen, ein Aufbruch des ganzen deutschen Volkes; wie eine leuchtende Vision der Kraft und Herrlichkeit des Reiches leuchtete tief aus dem Urgrund der Volksseele der Traum, die Idee und die innerste Wahrheit des Reiches auf . . . Im März 1938 kehrte die Ostmark heim ins Reich.
(Gauleiterrede zum 13. März 1938)

*

Straßenbahnverkehr ab 14. März:

Normal: 10, 46, 47, 360.

Eingestellt: A, Ak, Bk, C, D, E2, F, G2, H2, J, L, M, N, Nk, O, V, 3, 6, 8/49, 9, 11, 13, 16, 17, 25, 31, 37, 38, 39, 40, 41, 41a, 43, 52, 58, 61, 63, 65, 66, 67, 71, 72, 73, 106, 117, 132, 158, 165, 167, 331.

Stadtbahn: eingestellt. Autobus 20: eingestellt.

Bahnhofsrundverkehr: Busschleife, Praterstraße, Ring, 69, Gürtel bis Schleife Friedmanngasse.

Änderungen sind vorbehalten.

(Aus der „Kleinen Wiener Kriegszeitung", 14. März 1945)

DER BÖHMISCHE KUSIN

A Kusin von meiner Mutter, der ist im 44er Jahr von der Tschechoslowakei weg dienstverpflichtet worden nach Ebenfurt. Meine Mutter hat ihm net kennt. Er is kommen, hat sich vorgstellt und hat gsagt, er arbeit in Niederösterreich auf ein Verschubbahnhof. Wir haben ihn aufgnommen und ihm zu essen geben. Meine Mutter hat wenig Tschechisch können, aber der halberte Gemeindebau hat's können. Die ganze Stiegen is zammgrennt, und auf einmal sind 20 Frauen in unserer Kuchl um den Kusin herumgsessen und haben mit ihm tschechisch gredt. Alle 14 Tag ist er uns besuchen kommen. Auf einmal taucht er auf im März mitten in der Nacht und sagt, er is davongrennt, wir sollen ihn eine Nacht schlafen lassen, er will z'haus und geht zu die Partisanen. Er war ein glernter Kellner aus Zlin. Nach dem Krieg hat er uns a Karten gschrieben, er is Direktor von ein Hotel. Am nächsten Tag is damals die Polizei kommen, ob wir was wissen von ihm. Da war er scho weg. Sie san wieder gangen. Dabei waren wir eh so verschrien. In so ein Gemeindebau hat's richtige Nester geben. Man hat politisiert. Schöön is des gwesen.

BIS ZUM LETZTEN ATEMZUG

Der protestantische Pfarrer des Landesgerichtes Wien, Hans Rieger, berichtete: Ich habe in der Zeit vom 17. März 1942 bis 22. März 1945 369 Menschen auf ihrem letzten Weg begleitet. Davon sind mir 137 in deutlicher Erinnerung. Die Erinnerungsbilder der anderen sind verblaßt, manche ganz entfallen. Das betrifft hauptsächlich die Personen, die ich erst am Tage der Hinrichtung, wenige Stunden vor der Vollstreckung zum ersten Male sah, sei es, daß sie erst von anderen Gefängnissen, oft nur 4 Stunden vorher, eingeliefert wurden, was bei allen Wehrmachtsangehörigen, aber auch gelegentlich bei Zivilpersonen der Fall war; sei es, daß sie im Zellendienst von ihrem zuständigen römisch-katholischen Priester besucht wurden. Wenn ich sie trotzdem auf ihrem letzten Gang begleitete, so geschah es, weil ich ihnen nicht als Priester, sondern als Mensch meine Teilnahme schenken wollte. Ausländer lehnten oft auch diesen Dienst ab, der dann selbstverständlich unterblieb. Von Kommunisten wurde in meiner Person der Diener der Kirche immer abgelehnt, mit ganz verschwindenden Ausnahmen, meine rein menschliche Person aber immer gewünscht. Ich habe in den Zellen keinen einzigen Kommunisten kennengelernt, der von seiner Überzeugung abgefallen wäre. Bis zum letzten Atemzuge blieben sie fest. Auch bei den wöchentlichen Besuchen in den Zellen entwickelten sie Ideengänge, die mich oft tief beeindruckten. Es waren aber nur immer ganz wenige, wie etwa Kämpf, Fenz, Rabofsky, Murzyka, die darüber sprachen. Die meisten hörten gerne zu, wenn ich kurze Betrachtungen einer Menschheitsfrage im Lichte der Bibel hielt oder aus den persönlichen Erfahrungen meines Lebens erzählte. Je nach der Stärke des Eindrucks, die solche Begegnungen in mir hervorriefen, blieb in mir die Erinnerung an die einzelnen Menschen wach. Als stärkste und tiefste Errinnerung lebt in mir Mörth weiter, dann kommt Rabofsky, Götzinger, Seifert und Kucha, Klepell, Wyhnal, Dellarosa. Die Namen der für einen Hinrichtungstag festgesetzten Personen erfuhr ich immer erst an Ort und Stelle. Die Berufung geschah telefonisch durch den Anstaltsgeistlichen, Oberpfarrer Köck. Ich hatte ihn darum gebeten, da ich dadurch eine Kontrolle des Rufes durch die Verwaltung hatte. Im Wachzimmer wurde mir eine Liste der Namen vorgelegt, in der nur die Namen und Wünsche betreffend Briefpapier, Zigaretten und geistlichen Beistand eingezeichnet waren. Wer mir nicht schon durch den Besuch in den Zellen bekannt war, kam daher nur mit Vor- und Zunamen in mein Notizbuch.

*

Humor über Tiere und Tierhumor. Felix Rosché spricht Sonntag, den 18. des Monats, um 17 Uhr in der Volksbildungsstätte Ottakring über „Humor über Tiere und Tierhumor".
(„Kleine Wiener Kriegszeitung", 17. März 1945)

SPÄTFOLGEN

Wußten Sie schon, daß Wundliegen beim Kleinkind zu Schlaflosigkeit und Nervosität führen kann? Besser ist es, Sie halten solches schmerzhafte Wundliegen von Ihrem Kinde fern. Wenn Sie jedesmal nach dem Trockenlegen mit Penaten-Creme eincremen, kommen die ätzenden Säuren nicht an die Haut heran.
(Inserat: „Kleine Wiener Kriegszeitung", 19. März 1945)

*

Den Tag werd ich nie vergessen. Und wenn ich ihn vergessert, meine Frau net. Sie is eine Mutter, hundert Prozent. Vielleicht zu viel. Denn schaun S', sind wir ehrlich: wo nix zu machen ist, da hilft man ja doch niemand. Wir waren bei alle Ärzte, die's gibt. Nix. Es ist nix zu machen. Net daß sie blöd ist. Sie ist geistig recht regsam. Beim Fernsehen, zum Beispiel, wenn sie den Eiffelturm sieht, da sagt s' gleich: Paris. – Und sie kann auch lesen und schreiben. Nur mit dem Reden, wissen S', da geht's schwer. Das sind halt Spätfolgen. Wir haben's ja net gleich gemerkt. Wie ich aus der Kriegsgefangenschaft kommen bin, da hat man der Kleinen no net viel angmerkt. Da hat sie Mama – Papa gsagt, und a Kind mit zwei Jahren redt ja noch net viel. Und auch sonst! Aber dann hat sie zum Reden aufgehört. Meine Frau will sie halt net weggeben. Sie sagt immer: Wenn die Klane einmal net bei uns is, dann hast mich auch nimmer lang. Sie ist halt eine Mutter. Ich sag aber, das Kind wird's einmal schwer haben, wenn wir nimmer sind. Dann is es schwerer, wenn sie zu Haus so verwöhnt worden ist. Meine Frau will halt net, daß das Kind merkt, daß was net in Ordnung ist. Jetzt fragt s' schon öfter: Mama (mit mir redet s' ja über solche Sachen nicht), Mama, wann krieg ich denn ein' Bräutigam? Dann sagt meine Frau immer: Ja, nächstes Jahr vielleicht, wenn du älter bist . . . Dabei war des Maderl ein ganz ein normales Kind. Bis sie dann verschütt worden is, damals bei dem Angriff. Sehn S', das sind halt alles Spätfolgen. Und das laßt sich halt nimmermehr gutmachen. I red sonst net viel drüber, net weil i mich schenier für das Kind – es is ja ka Schand, wenn a Kind net ganz – net so mitkann – aber die Leut, wissen S', i red halt doch net gern drüber. Und dabei is doch wirklich ka Schand. Es sind halt Spätfolgen.

*

Großeltern, Eltern und Kinder, alle kennen den Namen Seefeldner. Der ganzen Familie war Seefeldner's Kindernahrung eine wertvolle Hilfe bei jedem neuen Sippenzuwachs. (Inserat im „Völkischen Beobachter“)

A HAND – WENN'S AUCH NET SEINE WAR

Vis-à-vis vom Gemeindebau war der Meidlinger Friedhof. Nach ein schweren Angriff hat's hübsch viel Tote geben. Die haben s' überitragen, gleich am Friedhof. Die Planken vom Friedhof ist auch nimmer gstanden. Vis-à-vis war gleich die Leichenhalle. Da ist einer zu mein Vater kummen, weil er gwußt hat, er is beherzt, und hat ihm gsagt, er soll a bisserl helfen, die Toten schlichten. Es sind so viel Stückeln überblieben, da haben s' halt immer wo was dazuglegt. A Hand, dem eine gfehlt hat, wann s' auch net seine war. Oder Füß oder sonstwas. Es waren net sehr viele, die das gmacht haben. Die Leut haben sich ja net wollen die Toten anschauen, net einmal wegen dem Agnoszieren. Mein Vater hat natürlich auch net alle kennt vom ganzen Gemeindebau. Von unsere zwei Nebenstiegen die Toten hat er schon kennt. A jeder is ersucht worden, er soll kommen und schaun, aber es sind net viel kummen. Ich weiß nimmer, wer dann die Toten begraben hat. Mein Vater war's net, aber es hat schon irgendwer gmacht, wahrscheinlich vom Friedhof oder Angehörige, ich weiß net. Ein Freund von mir war damals zufällig auf Fronturlaub, und zufällig is dem seine Schwiegermutter damals ums Leben kommen. Die war aber ganz, und sie haben auch ein Familiengrab ghabt. Die haben lang ein Sarg gesucht – es hat ja keine mehr geben – und ich bin mit ihm gangen. Endlich haben wir ein' Tischler gfunden, der noch ein paar Brettln ghabt hat. Der hat dann ein Sarg gmacht. Wir haben das Begräbnis angemeldet ghabt und haben glaubt, wenigstens das Grab ist hergricht. Ein invalider Totengraber ist mit uns außegangen. „Da wär's halt", sagt er, „aber 's Grab müssen S' Ihnen selber graben. Aber ein Meter zwanzig muß haben in der Tiefe." Spaten haben wir kriegt, aber wir haben höchstens 60 cm tief graben. Das war net am Meidlinger Friedhof, des war am Hetzendorfer. Und wir haben die Frau im Handwagerl außegführt.

*

Da es eine geringere Körperkraft beansprucht, auf dem Rücken als in der Hand zu tragen, kann man sich aus alten Säcken oder kräftigen Stoffresten ein etwa 5 cm breites und je nach eigener Körpergröße etwa 2,8 bis 3 Meter langes Band nähen lassen, und zwar wird dies in Form einer Acht zusammengenäht und so um den Koffer gelegt, daß die Nahtstelle etwa in der Mitte des Kofferdeckels zu liegen kommt. Die beiden Schlingen der Tragvorrichtung werden um die Seitenwände des Koffers geführt, so daß sie sich auf der Seite des Kofferbodens befinden. Jetzt kann der Koffer auf den Rücken genommen und wie ein Rucksack getragen werden; der Boden des Koffers liegt dabei auf dem Rücken auf.
(„Kleine Wiener Kriegszeitung", 20. März 1945)

KAPLAN DR. HEINRICH MAIER

Wir dagegen befinden uns im Besitz der gerechtesten Idee und sind voller Pläne, die auf das Leben zielen. Prüfen wir uns selbst, wo waren wir abstrakt, wo waren wir grausam, wo unduldsam, wo tödlich in unserem Haß? Wir haben, jeder von uns, das Beste gewollt.
(„Kleine Wiener Kriegszeitung", 21. März 1945)

*

Aus dem Gedenkbuch der Pfarre Wien-Gersthof:
Wie ein Blitz aus heiterem Himmel traf die Pfarrgemeinde am 22. März 1944 (Schmerzensfreitag) die Tatsache: Heute früh nach der hl. Messe wurde unser Kaplan Dr. Heinrich Maier in der Sakristei von der Gestapo verhaftet. Begreiflicherweise entstanden die verschieden-

sten Gerüchte über den Grund dieses in jener Zeit leider häufig eingetretenen Ereignisses. Einige Tage später teilte mir Kanzler Prälat Wagner mit, der bei der Gestapo Erkundigungen eingeholt hatte, daß die Sache für Dr. Maier sehr schlecht stehe. Nach der schon lange befürchteten Urteilsverkündung zum Tode, die am 28. Oktober 1944 erfolgt war, hoffte man (und er selbst), daß die von verschiedenen Seiten abgefaßten Gnadengesuche von Erfolg begleitet sind, oder, daß die immer näher anrückenden Alliierten Gefängnisfreiheit bringen werden. Leider hörte man, daß er nach seiner Verurteilung von Wien in das gefürchtete Konzentrationslager Mauthausen gebracht wurde, wo man durch entsetzliche Foltern (er soll u. a. unbekleidet am Fensterkreuz angebunden gewesen sein) aus ihm weitere Geständnisse zu erpressen suchte. Nach seiner Rückkehr nach Wien standen bereits die Russen auf österreichischem Boden, und was man leider immer befürchtete – bei der letzten Hinrichtung am 22. März 1945 mußte Dr. Maier sein junges hoffnungsreiches Leben für sein Vaterland hingeben. Mit seinen letzten Worten, „Es lebe Christus, der König und ein freies Österreich!" erfaßten ihn die Henker und in den nächsten Sekunden rollte sein Haupt zur Erde. Mit neun andern politischen Opfern wurde Dr. Maier in einem Schachtgrab am Zentralfriedhof (unbekleidet) beerdigt. Zwei mit ihm befreundete Ärzte forschten die Grabstelle aus, und unter großen Schwierigkeiten konnte eine definitive Beisetzung der Leiche auf dem Neustifter Friedhof erreicht werden. Die Grabstelle hat die Pfarre Gersthof erworben.

TÖDLICHE SCHUHSOHLEN

Wir haben ein Ostarbeiter ghabt im Betrieb. Der hat in der Früh a Stund früher kommen müssen, einheizen und so weiter, und wann Schluß war, und wir schon weggangen sind, hat er dableiben müssen, zammräumen. Und ansonsten war er halt als Hilfsarbeiter bei uns. Er is viel herumgrennt, und die Füß haben ihm immer wehtan, vielleicht war er die Holzschlapfen net so gwohnt. Einmal is er hingfallen, und da ist er dann lang schlecht gangen. Zu essen hat er genug ghabt, wir haben ihm alle immer was mitbracht, aber Schuh haben wir ihm halt keine geben können, die haben wir selber braucht. Er war eigentlich immer müd, aber hinsetzen hat er sich net viel können.

*

Nach einem Fliegerangriff auf Siebenhirten wurden die Zivilarbeiter V. Stefenino und G. Lipardi zu Aufräumungsarbeiten in einer teilweise bombenbeschädigten Fabrikshalle herangezogen. Sie fanden einen fast neuen Treibriemen, den sie in ihre Behausung mitnahmen, um sich, wie sie nach ihrer Festnahme sagten, daraus Schuhsohlen machen zu lassen. Das Sondergericht hat erkannt, daß hier ein klarer Fall der Plünderung vorliegt, und die beiden Angeklagten zum Tode verurteilt.
(„Kleine Wiener Kriegszeitung“ vom 23. März 1945)

*

Frauenhilfe überall (aus der „Kleinen Wiener Kriegszeitung“): *Die kleine Runde der Nähstube der NS-Frauenschaft in Heiligenkreuz hat 70 Paar Pantoffel, 460 Paar Fäustlinge, 25 Paar Ohrenschützer und 100 Verbandspäckchen angefertigt.*

BESTATTUNGSPROBLEME ODER: WIE BRINGT MAN SIE UNTER DIE ERDE?

Verordnung des Reichsstatthalters in Wien, Gemeindeverwaltung, zur Beschleunigung von Beerdigungen: § 1: Beerdigungen, die nicht bis zu dem dem Sterbetag folgenden drittnächsten Tag von den Familienangehörigen bzw. von den Verpflichteten (Krankenanstalten usw.) in der Geschäftszeit der Leichenbestattungsunternehmen veranlaßt werden, sind unter Einhaltung der gesetzlichen Vorschriften von Amts wegen in einem Gemeinschaftsgrab (Grabstelle) durchzuführen. § 2: Aufbahrungen sind bis auf weiteres auf allen Friedhöfen untersagt. § 3: Diese Verordnung tritt sofort in Kraft. – Wien, am 16. März 1945. Der Reichsstatthalter in Wien, Gemeindeverwaltung. i. V.: Blaschke, Bürgermeister.
(Aus dem „Völkischen Beobachter")

*

. . . Ja, und wir haben dann – ich glaub, es war unser Lagerhalter, den wir dann begraben haben – Ende März, am 24. März – und das war so ein richtiger seidiger, sonniger Frühlingstag, es war überhaupt ein sogenanntes schönes Frühjahr, und das Kontrastprogramm war ja schon einmal das junge Gras, das da doch wieder in die Höh gekommen ist und ein paar Spitzerln an den Bäumen und die ersten Blüten und der Geruch von Erde – aber nicht nur von Erde. Es ist einem ja schon in Schwaden entgegengekommen, wenn der Wind entsprechend gegangen ist – kaum war man drinnen oder vorm Zentralfriedhof, hat es schon so süßlich gerochen, aber das war ein Geruch, den wir damals eigentlich ohnedies entweder tatsächlich oder in der Phantasie dauernd in der Nase gehabt haben bis in die Träume hinein – Leichengeruch und Brandgeruch und Ziegelstaub – es war ein Mischgeruch, den man heut noch in der Nase hat, wenn man ihn einmal gerochen hat.

DAS UNS BEDROHENDE FEDERVIEH

Bei der Hofbegehung entdeckte ein Ortsbauernführer auf einem seit je schlecht liefernden Hof an vier Stellen versteckte Erntevorräte. Die Bauernfrau bemerkte zu einem dieser Verstecke, das einige hundert Kilogramm Weizen enthielt, diesen wenigstens möge man ihr für ihre Hühner lassen. Der Inflation der Gänse, Enten und Truthühner auf dem Dorfe ist inzwischen ein Ende gemacht worden. In Kürze wird dieses die Volksernährung bedrohende Federvieh und damit ein Brotgetreidemoloch von den Straßen der Dörfer verschwunden sein.
(„Völkischer Beobachter", 25. März 1945)

*

Da war vor Ostern ein Aufruf, zwei Eier haben wir kriegt auf die Reichseierkarte. Man hat s' schon vorher kaufen können, vor Ostern. Es war direkt komisch, so viel Eier auf ein Haufen. Wir sind doch fünf Leut gwesen. Es waren 10 Eier! Und eins hat uns noch die Großmutter bracht von ihre zwei für den Klan'. Ich hab a Eierfarb kauft, a rote, und wir haben uns ausgmacht mit der Nachbarin, daß sie a blaue kauft, daß wir dann tauschen können und rote und blaue Eier haben. Jeder eins wenigstens, und die andern wollt ich so verkochen. Ich hab halt einmal fünf Eier weggeben zum Hartkochen. Aus zwei hab ich ein Guglhupf gmacht für die Feiertag, und alles war genau einteilt. Die andern vier wollten wir uns aufheben zum Aufbessern für die Ostern. Aber ich weiß net, wie das war. Wir haben auf einmal alle so ein Gusto ghabt auf Eier. Vielleicht haben wir uns auch denkt, wer weiß, was morgen is und was zu Ostern is. Wir haben die vier Eier alle miteinander zammgessen über geröste Knödeln. Und dann waren die fünf Eier zum Hartkochen auch weg. Ich weiß net, wieso, ich muß rein vergessen haben, daß Ostern kommt, und hab dem Klan' einmal a Eierspeis gmacht von zwei Eier! Und die letzten drei haben wir irgendwie vor Ostern verbraucht. Wir haben so ein Gusto ghabt. Und für Ostern hab ich dem Buam ein Hasen aus Fetzerln gnäht, und die Großmutter hat dann noch ihr zweites Ei bracht fürn Klan'. Aber erst zu Ostern. Das haben wir in der roten Farb kocht. Und der Bua hat a Freud ghabt!

*

Die „Kleine Wiener Kriegszeitung" vom 27. März 1945, bringt unter *„Der große Kleintierstopp": Die Anordnung zur Verminderung der Geflügelhaltung betrifft alle Geflügelhalter in der Stadt und auf dem Land. Danach ist die Haltung von Gänsen, Enten, Truthühnern und Perlhühnern ab 1. April 1945 verboten. Zu diesem Zeitpunkt müssen alle Tiere dieser Arten geschlachtet sein, Hühner, zu denen auch Zwerghühner zählen, dürfen nach Anordnung nur noch in beschränktem Umfang und nur noch von solchen Personen gehalten werden, die aus eigener Erzeugung über das notwendige Futter verfügen. Für jede ab 1. Juni noch genehmigte Henne dürfen höchstens zwei Küken aufgezogen werden. Am 1. Juni 1945 müssen alle überzähligen Hennen, Hähne und Jungtiere jeden Alters geschlachtet sein. Auch später anfallende überzählige Küken dürfen keinesfalls aufgezogen werden, sondern sind zu töten.*

*

Aus dem „Völkischen Beobachter" vom 25. März 1945: . . . *Das Huhn hat aber auch außerhalb des Totenkults eine mannigfache Verwendung. So wird das noch warme Hühnerblut als eine Art Erntesegen über die Pflanzung verspritzt . . .*

BRENNHOLZ DURCH BOMBEN

Waffen gegen Kohlenklau: Das Hilfsbrikett. 4 kg Kohlengrus oder Kohlenstaub mit 1 kg trockenem gesiebtem Lehm und 1 Liter Wasser zu einem steifen Brei mischen, diesen von Hand zu Kugeln oder in alten Konservendosen zu Formen zu 200 g (Trockengewicht) pressen. Dann am warmen Ort (Ofenröhre) trocknen und danach verheizen. Heizwert nur ein Drittel geringer als des Grundstoffes, mithin gute Waffe gegen „ihn". Seid auf der Hut und trefft ihn gut!
(„Völkischer Beobachter", vom 25. März 1945)

*

Fenster haben wir keine mehr drin gehabt, aber das war ja rundherum so. Eines Tages hat's das Delkahaus erwischt, weißt ja, in der Taborstraße gegenüber von uns, gegenüber der Kirche. Da sind wir gleich hinausgerannt, wie's aufgehört hat zum Krachen, wegen dem Holz, wir haben ja nichts zum Heizen gehabt. Da war die Luft voll Staub, weil mit dem Schutt und so, da ist man wie in einem Staubnebel, das braucht lang, bis sich das setzt. Na und da hat's genug Holz gegeben, so zersplitterte Balken und Bretter sind überall herumgelegen.

KRIEGSTRAUUNG

... Denn Haltung ist der Gegenpol und Widerpart kleinmütiger Stimmungen. Wer haltlos ist, fällt ihnen hoffnungslos zum Raub. Wer jedoch die nötige Haltung besitzt, stemmt sich auch einem widrigen Schicksal kraftvoll entgegen. Draußen an der Front kennt man bezeichnenderweise keine „Stimmung", sondern nur Haltung. Und eben diese soldatische Grundhaltung bewirkt, daß dort, auch wenn einmal dicke Luft herrscht, doch jene zuversichtliche Stimmung anzutreffen ist, die eben

den Geist der Front ausmacht. Haltung besitzt der disziplinierte Mensch, der ein festes Ziel vor Augen hat, dem er mit unbeirrbarer Gläubigkeit zustrebt. Höchste Tugend ist heute Tapferkeit. Drum laßt uns die Stimmungsbarometer verhängen und lieber auf den Kompaß des Gewissens blicken.
(„Völkischer Beobachter“, vom 27. März 1945)

*

. . . wenns d' im Geschäft warst, hast mit jeder einzelnen Kunde mitgelebt, wo du gwußt hast, ihre Söhne sind eingerückt – der eine is kommen, der hat in Afrika den Fuß verloren, aber Gottseidank hat er dann weiterleben können und kommt heute noch ins Geschäft. Und der andere Schlosser hat drei Söhne ghabt, die sind alle drei gefallen, jeder woanders – und a anderer wieder hat zwa Söhne ghabt, du hast die jungen Leute gekannt von klein auf, und dann auf amal warn s' Soldaten und haben irgendwohin müssen – es war Pflicht, was hätt er tuan sollen – verstecken hast sie net können, net.

Ja, also – die Auslagen waren kaputt, – da is a – da drüben vom Haus, da is a klaner Bua, den hammer kennt, is no gschwind ums Bier grennt, und in dem Moment fallt die Bomben. Sie hat'n auf der Straßen erwischt – das war scheinbar eine verirrte Bombe, net – na und dadurch waren unsere ganzen Auslagen kaputt – da hast halt Bretter vorgnagelt und in der Mitte a bissel a Glas – nur daß ma gsehn hat, was das für a Gschäft is.

*

Es war a junge, hübsche Frau, und ihr Mann – sie war noch nicht verheiratet – sie hat halt . . . wo er gfallen is, könnt ich dir a net sagen – aber es ist nur dann – hat sie gsagt, heute hab ich meine Trauung ghabt – und i hab blöd gschaut, weil ich ja gwußt hab, er is gfallen – sagt s' ja, daß i halt auf an Sessel gsessen bin und statt mein Mann is daneben a Blumenstrauß auf dem Sessel glegen.

DER KUCKUCK UND VEIT GOLDWURM

Der Papa hat die Wand im Keller tapeziert, daß freundlicher ist. Und eine alte Lampen mit einem Akkumulator haben wir ghabt. Und auf ein kleinen Öferl haben s' Wäsch auskocht. Der Luftschutzwart hat die Frau Pospischek durch den Notausstieg geschoben, weil sie die Dickste war, ob sie durchgeht, und wir haben müssen noch ein bisserl ausstemmen. Ein Radio war auch im Keller. Damals haben wir schon zeitweise ganz unten gewohnt und haben den Kuckuck und das Kärnten Steiermark unten erwartet. Eine Frau von ein PG hat immer noch in „Mein Kampf" glesen und hat uns auch was vurglesen.

*

Der Reiter war kein Hundsfott. Sieben Jahre hatte er den Krieg mitgemacht und sich vor keiner Kugel gebückt. Aber damals hing ihm an jedem Haar ein eiskalter Schweißtropfen. Und der Mond stand im ängstigen Wald verirrt; unwirsch ging der Wind, und Veit Goldwurm hetzte sein Roß an und jagte dahin . . . Der Reiter Veit Goldwurm ritt des Nachts durch die böhmischen Wälder, willens, noch vor dem Morgen das Grenzstädtel zu erreichen. Ihm war nicht gerade heimlich; denn er hatte 100 erbeutete Gulden und weil unrecht Gut nicht lange währt, fürchtete er, Zigeuner oder anderes Gesindel könnten es ihm abknüpfen, und wenn ein Kuckuck im Traum hustete, oder ein Hirschlein im entlegenen Tal schrie, tappte er schnell nach seinem scharfen Säbel . . .
(„Völkischer Beobachter" vom 28. März 1945, Kulturteil)

*

Die Deutsche Führung steht vor einer Aufgabe, die gewiß nicht leicht ist. Indes, sie hat in den letzten Jahren wiederholt Situationen meistern müssen und alles in allem auch zu meistern verstanden, die gleichfalls schwierig waren und sehr oft sogar aussichtslos schienen. Der Ansturm im Osten ist schließ-

lich auch zum Stehen gebracht worden und hat viel von seiner Bedrohlichkeit verloren.
(„Kleine Wiener Kriegszeitung“, 28. März 1945)

*

Die ganzen Nazi bei uns haben a Angst ghabt, und a paar haben schon fort wollen. Was wollen S' fortgehn? sag ich, die Landstraßen ist a schlechte Herberg, da werden S' ka Freud haben. Und die PG-Frau, die mit „Mein Kampf“, die sagt: Wann die Russen kommen, stell ich mich mit'n Hackel hinter die Tür . . .

DER PEPPI

Gründonnerstag 1945

Der Sechzehnjährige wurde zu den Panzern nach St. Pölten einberufen. Er war schon dort, hatte kurz Urlaub. In dieser Zeit, wie er zu Hause war, ist Krems und St. Pölten bombardiert worden. Nach dem Urlaub sagte er, ich muß nach St. Pölten zu den Panzern. Es war am Gründonnerstag, wo er fortmußte. Auf meinem Rad haben wir den Koffer gehabt, und so sind wir auf die Bahn. Ich bin in die Kirche, und er ist zum Bahnhof und hat auf die Abfahrt des Zuges nach St. Pölten gewartet. Während der Messe hab ich geweint, ich habe mir gedacht, er ist doch noch ein Kind. Jetzt muß ich den auch noch hergeben. Mir kommt in der Kirche der Gedanke, als wenn zu mir jemand gesagt hätte, wenn heute kein Zug geht, dann soll er zuhause bleiben. Geradeso ist das in mir gewesen. Und wie ich hinausgehe, höre ich das Pfeifen des Zuges. Mein Herr, jetzt ist er dahin, jetzt sehe ich ihn nicht mehr. Mich haben die Füß fast nicht tragen können, laufe zum Bahnhof. Begegnet mir eine Frau, renn nicht so, es ist heute noch kein Zug gefahren.

Wie ich zur Bahnhofstraße gehe, sehe ich den Peppi stehen. Er hat gewartet auf mich. Wir warten, ich frage den Bahnhofsvorstand, der sagt, wir wissen gar nichts, heute ist weder ein Frühzug noch ein anderer gekommen. Wir können nichts sagen. Es wird 11 Uhr. Ich sag: Peppi, mir müssen heim, ich muß kochen. Stell die Koffer ein bei der Bahnwirtin, sie ist mit mir in die Schule gegangen, und dann fahrst in den nächsten Tagen. Dann sag ich zu dem Buben, mir ist so ein Gedanke gekommen. Wenn heute kein Zug fährt, dann sollst du zuhause bleiben. – Und der Peppi will nicht mehr, will nicht mehr fort. Und so habe ich mich halt entschlossen, Peppi, in Gottesnamen bleibst zu Hause. Mein Bub ist gesprungen, er ist im 17. Jahr gewesen. Er darf sich nicht mehr sehen lassen. Er ist oft herunten gewesen, wir haben ja immer zugesperrt gehabt. Einmal ist ein Bauer gekommen, er war neugierig, er wollte wissen, was es Neues gibt, weil ich ja schwarz gehört habe. Dann sagt er: Ist leicht der Peppi zuhause? Ja, hab ich gesagt. Habts eh recht, hat er gesagt.

DAS STANDRECHT UND DIE KUH

„Völkischer Beobachter" vom 30. März 1945:

Auf Grund der Verordnung über die Errichtung von Standgerichten vom 15. Februar 1945 (Reichsgesetzblatt I Seite 30) wird die Standgerichtsbarkeit mit sofortiger Wirksamkeit im Reichsgau Wien eingeführt. Die dem Reichsverteidigungskommissar nach dieser Verordnung zustehenden Befugnisse sind mir übertragen worden. Ich bringe dies der Bevölkerung zur Kenntnis und weise gleichzeitig auf die Einleitung dieser Verordnung hin. Es heißt darin: „Die Härte des Ringens um den Bestand des Reiches erfordert von jedem Deutschen Kampfentschlossenheit und Hingabe bis zum Äußersten. Wer versucht, sich seinen Pflichten gegenüber der Allgemeinheit zu entziehen, insbesondere wer dies aus Feigheit oder Eigennutz tut, muß sofort mit der notwendigen Härte zur Rechenschaft gezogen werden, damit nicht aus dem Versagen eines einzelnen dem Reich Schaden erwächst." Ich gebe mich der Erwartung hin, daß auch ohne solche Strafdrohung jeder Volksgenosse die Pflichten erfüllt, die die Schwere der Lage des Vaterlandes ihm auferlegt.

Der Reichsverteidigungskommissar für den
Reichsverteidigungsbezirk Wien
von Schirach, Reichsleiter und Reichsstatthalter

*

Da war, hab ich ghört, a lebende Kuh in 2. Stock, die hat wer um 20 Zigaretten an einen Eisenbahner tauscht, der dort gwohnt hat. Ich hab ihm die Kuh abgnommen. Ich hab ihr die Nasen gwaschen und bin grasen gangen für des Vieh. Noch unter Beschuß. Wurmige Haferflocken hab ich eingsammelt. Die Kuh hat Milch geben, 1/8 Liter täglich. Da hat a Frau ein Säugling ghabt mit Lungenentzündung, und die ist auf einmal bei der Tür gstanden. Dem Säugling haben wir's geben. Ohne Formalitäten. Wer grad können hat, is Milch liefern gangen. Ich bin dann auch zu ihr gangen, wann s' grad net vom Kind hat wegkönnen und hab ihr s' bracht, und so gleich bei der Tür übergeben, net einmal einegangen bin i, damals hat's keine Formalitäten geben. Ich hab kein Tropfen trunken. Sie muaß die Milch gwassert haben, sie war dick und ganz gelb. Die Kuh war net ausgmolken und hat eine Euterentzündung kriegt. Wann sich wer ausgekannt hätt, ein Tierarzt hätt's wahrscheinlich mit irgendwas heilen können. Aber wir haben nix ghabt. Da hab ich s' mit der Mama zum Schlachthaus geführt, wir haben in Erdberg gwohnt. Wir haben müssen beim Mautner Markhof-Kinderspital vorbei. Dort is eine Straßenbahn als Barrikade glegen. Wer die hintan hat! Und wir haben müssen mit der Kuh vorbei. Sie hat mir so leid tan. Ich hab von der Kuh dann nix essen können. Im Schlachthaus war ka einziges lebendes Tier. Nur die Kuh. Da waren doch die Viehtransporte von Deutschland oder sonstwo draußen, die stehnblieben sind vor St. Marx. Die Viecher waren alle verhungert, aufgedunsen, voller Fliegen. Im Schlachthaus war kein lebendiges Vieh außer unserer Kuh und a einziger Mensch, a Invalider, der dort gwohnt hat, dem hab ich s' anvertraut und hab ihn gebeten, er soll s' heute noch schlachten, weil s' solche Schmerzen hat. Sie war ja a gsunde Kuh, sonst, und er hat gsagt, ich kann mir das Fleisch morgen holen. Aber ich hab nix gholt. I hab nix essen können von der Kuh. Die Leut im Haus haben mich angschaut, die warn bös, die haben schon gwartet drauf.

IM BANNE DER ENTSCHEIDUNG

Aus einem Leitartikel der „Kleinen Wiener Kriegszeitung", Ende März 1945:

Nur der Endausgang des ungeheuren Ringens ist bestimmend. Ist die Entscheidung gefallen, dann hat nichts mehr Gewicht, was vorher gewesen ist. Diese Entscheidung wird nach Rückschlägen und Enttäuschungen erweisen, daß unsere ungeheuren Opfer, unsere unermüdlichen Anstrengungen, unser bedingungsloser Einsatz nicht umsonst gewesen sind . . .

*

Des war damals ziemlich schon zum Schluß, mir ham gwußt, daß die Russen scho bei Preßburg san oder da unten in der Näh. Genau hammer's ja net gwußt, weil die Meldungen ja allerweil a bisserl falsch waren, wann ma net grad an ausländischen Sender ghört hat, aber jedenfalls hat ma um die Zeit damals mei Chef zwanzig große Eisenplatten zum Hobeln geben. Mit dem Bemerken, des wird eh nimmer fertig, bis die Russen kummen. I hab mi hingsetzt und hab angfangt zu arbeiten, es waren eh allerweil nur a paar Stund in Tag, weil die übrige Zeit war eh immer Fliegeralarm. Na und so hab i halt drauflos ghobelt. I hab zwar die Abmessungen ghabt für die Platten, aber die san immer kleiner und kleiner worden, weil ma gwußt ham, daß eh nie mehr geliefert werden.

*

Eine Anordnung des Produktionsbeauftragten für Bekleidung und Rauchwaren, die im „Reichsanzeiger“ vom 22. März veröffentlicht wurde und am 7. Tage nach ihrer Verkündigung in Kraft tritt, verbietet die Neuanfertigung von Herren- und Damenschirmen aller Art.
(„Völkischer Beobachter“, Ende März 1945)

*

Die Brennessel ist unter den Wildgemüsen wegen ihres Reichtums an Vitamin A und C besonders hervorzuheben. Ferner enthält sie reichlich Mineralsalze, vor allem Eisen, das zur Blutbildung notwendig ist. Ihre Wirkung ist daher günstig auf den gesamten Organismus, besonders gegen Haarausfall, Rheumatismus und verschiedene Hautkrankheiten. In ihrem Wert für die Gesundheit ist die Brennessel noch höher zu stellen als der Kulturspinat. Die junge Pflanze hat einen sehr starken, feinen Geschmack und eignet sich daher auch zur Mischung mit Wildgemüsen, die einen ausgeprägteren Eigengeschmack haben. Gesammelt werden nur die jungen Triebe und ganz zarte Blätter. Die beste Sammelzeit ist März bis Juni. Zum Sammeln empfiehlt es sich, alte Handschuhe anzuziehen.
(„Kleine Wiener Kriegszeitung“, 31. März 1945)

*

Mei Mutter is zauskummen mit an freudenstrahlenden Gsicht und hat gsagt, der Greißler, der was immer so heiklich war, hat gsagt, i soll heit auf d' Nacht, wann er zua hat, a bisserl später kummen, von hinten. Und mir sollns in unsern Haus a noch zwa, drei Leut sagen, er hat a bisserl was, des will er gern hergeben, weil er waß, daß die paar Leut a Schippel Kinder haben und ma waß ja nie, was in die nächsten Tag jetzt kummen wird.

*

Die Bevölkerung der alten Donaustadt sieht der weiteren Entwicklung in völliger Ruhe und Gelassenheit entgegen. Sie hofft, daß die eingeleiteten militärischen Gegenmaßnahmen von Erfolg begleitet sein werden, sie ist aber, wenn es das Schicksal so wollte, bereit, unter Beweis zu stellen, daß Wien an Kampfentschlossenheit und fanatischem Abwehrwillen hinter anderen deutschen Städten nicht zurücksteht.
(„Kleine Wiener Kriegszeitung", 31. März 1945)

*

I hab a Freundin, die war in der Telefonzentrale, beruflich, immer schon, net – und die hat mir erzählt, – ihr Bräutigam hat sich von ihr verabschiedet, also er wird nicht mehr rauskommen dort in dem Kessel um Berlin oder weiter, hat sich praktisch verabschiedet, er is nimmer kommen – is gfallen. Und dann hat einer angrufen, sie soll seine Frau verständigen, und sie is dann – wie's dienstfrei war – z'Fuß i waß net bis Floridsdorf, wie s' da hinkommen is zu der Frau, abends, hat s' angläut, und die schreit sie von oben an: i bin ja froh, daß der gar net da is! – Net, sagt sie, da bin i grennt zwa Stund und hab mir denkt, i mach der Frau a Freid, umgekehrt hat sie aber auch wieder Leute verständigt, und zwa Jahr später haben die ihr no a Obst oder Zuckerln oder was geschickt, weil das ein Lebenszeichen war.

STANDHAFT GEGEN JEDEN MASSENANSTURM

Heftigster Kampflärm übertönt die Ostertage dieses Jahres, nicht nur mit dem Donner der Geschütze und dem Bersten der Fliegerbomben. Auch mit F a l s c h m e l d u n g e n, Gerüchten und maßlosen Übertreibungen führt die Feindseite diesen Krieg. („Völkischer Beobachter", 1./2. April 1945)

*

Ka Strom – ka Gas – alles is nur aufdraht worn und wieder zuadraht.

*

Die Arbeitszeit zu Ostern . . . weiter wird für das Gebiet des Reichsgaues angeordnet: . . . in den Betrieben der industriellen Unternehmungen und des Handwerks wird am 2. April wie an einem Wochentag gearbeitet . . .
(„Kleine Wiener Kriegszeitung" vom 31. März 1945)

*

Die Heimat arbeitet, und wir alle wissen: Es ist dringend notwendig. Deshalb wird auch die deutsche Frau dankbar anerkennen, daß ihr zur Pflege ihrer Gesundheit und Arbeitskraft die bewährte „Camelia"-Hygiene zur Verfügung steht. Auch wenn „Camelia" einmal da und dort nicht zu haben ist, sorgt eine gleichbleibend ausreichende Fabrikation doch dafür, daß Damenbinden keine Mangelware werden. Unwürdiges Hamstern allerdings kann die Versorgung gefährden.
(Inserat im „Völkischen Beobachter" 1./2. April 1945)

*

In den Ostertagen is eine Volkssturmeinheit von Klosterneuburg kommend in Kritzendorf aufgetaucht. Die wollten die Pflasterung aufreißen, aber die Dorfbewohner haben s' verjagt.

Damals hat man Panzersperren baut wegen die Russen. Alles is aus, sagt wer. Nein, sagt der Doktor in unsern Keller – dann ist net alles aus, dann wird verhandelt. A Volksdeutscher war's, ausgschaut hat er wie der Einstein – nix is aus. Das Leben geht weiter.

*

Wiener und Wienerinnen!

Ich bin kein Mann der großen Worte und der geschliffenen Rede. Überdies zählen heute Taten viel, Worte wenig. Wenn ich mich mit meinen Männern den Verteidigern dieser schönen alten Stadt zugeselle, so geschieht dies mit dem festen und unverbrüchlichen Vorsatz, alles nur Menschenmögliche zu tun, dieses Bollwerk des deutschen Südostens unserem Deutschen Vaterlande zu erhalten. Mehr versprechen, wäre verwegen. Der Kampf wird hart, der Erfolg schwer. Sie, meine Wiener und Wienerinnen, kennen den Feind aus früheren Generationen Ihrer Geschichte. Sie kennen aber auch die europäische Aufgabe, der sich Wien niemals entzogen hat. Halten wir zusammen, kämpfen wir zusammen, es geht nicht um uns, es geht nicht um die Partei, es geht um unser Land. Heil unserm Führer!

Sepp Dietrich, SS-Oberstgruppenführer,
Generaloberst der Waffen-SS

*

Damals haben wir eine Kuh in unserm Garten eingegraben. Eine weiße. Sie ist in den Garten gelaufen und zusammengebrochen. Eine gstorbene Kuh kann man nicht essen. Sie ist in der Nacht gekommen und in der Nacht zusammengebrochen. Weiß ist sie im Mondschein gelegen. Wir sind erschrocken: da liegt wer. Vielleicht ein Toter. Später sind dann auch viele Pferde in unsern Garten gekommen. Da waren viele – wie sagt man – Exkremente. Das war ein Dünger! Noch nie hat der Garten so geblüht!

WIEN ZUR FESTUNG ERKLÄRT

Vor die russischen Bomben haben wir uns net viel gfürcht. Die haben oben eingschlagen und sind im Dachboden liegenblieben. Aber die Stalinorgel vom Laaerberg, wir waren in Erdberg, die russische Artillerie hat umigschossen über uns zum Donaukanal. Die Leut vom obersten Stock bei uns im Haus haben im Keller am Koks gschlafen. Haben den Koks planiert und mit alte Zeitschriften drauf abgedeckt, da sind s' glegen. Wir haben kocht im Freien auf Ziegeln, an Tee auf Grablichtern, mit ein Drahtgstell. A winziges Reindl. Apfelschalentee oder Tee-Ersatz. Das Reindl war kohlschwarz, aber der Tee hat kocht . . . Damals war die Umstellung der Flaktürme auf Panzerbeschuß. Bei uns beim Ahrenbergbunker. Die haben tiefer gschossen. Es war ein fürchterlicher Lärm. Am Nordwestbahnhof sind Züge bereitgstanden noch mit Sachen zum Nach-dem-Westen-Hinüberretten. Soldaten sind herumgstanden. Da war alles vom Briefpapier bis zu Kisten mit Nestlédosen. Sogar Ansichtskarten. Da war einer, der ist mit einer ganzen Kisten Nestlé grennt. Sowas ist öfter vorkommen, daß sich wer eine ganze Kisten von was nimmt. Da haben die Soldaten, die ein bisserl noch auf Ordnung gschaut haben, in die Luft gschossen. Der hat die Kisten fallenlassen, und die Leut haben sich's teilt . . .

*

Wir sind ums Wasser anstellen gangen. Ein SA-Mann, a schwerbewaffneter, hat die Schlangestehenden in Schach gehalten. 3 Stund bin ich gstanden, ganz hint in ein Hof. Das Wasser is nur mehr wie a Strohhalm gronnen. Ich hab nur mehr a kleins Lackerl kriegt. Dann bin i zum Schlachthaus. Ein Lastwagen mit deutsche Soldaten war dort. Die haben in die Hallen herumgschossen: erst kommen mir dran! Sie haben net auf die Leut gschossen, nur wegen dem Krach. Sie ham halt eine Verpflegung braucht . . .

*

Ja und dann also am 2. April hat man an den Plakatwänden neue Plakate gefunden, auffallende, orangefarbene. Wien ist zum Verteidigungsbereich erklärt worden. Frauen und Kindern wird empfohlen, die Stadt zu verlassen. Und der Volkssturm wird eingezogen. Das hat natürlich bedeutet, wie man ja am Beispiel von Breslau und Budapest hat ablesen können, daß von den Zurückgebliebenen jede Brücke und jedes Haus und jede Straße zu verteidigen ist bis zur Überwältigung. Die Häuserblocks entlang der Vorortelinie sollten Brückenköpfe werden. Unser Wohnhaus und das gegenüberliegende waren auch dazu bestimmt.

NATURGESETZE

Diese letzten Tage von Wien, die war'n bitter für mi. Wie wir uns auf den Gürtel z'ruckziehen ham müssen, da bin i no an Sprung eini zur Mamsch, hab s' abbusselt und ihr gsagt, daß i sicher bin, daß wir Wien bald zurückerobern. Und da hat sie, meine eigene Mutter, gsagt, Bua, hat sie g'sagt, schmeiß des Gwand weg, i hab an Platz, da finden di net die Deutschen und net die Russen. Meine eigene Mutter! Ich hab ihr gsagt, daß sie mich nie verstanden hat und jetzt auch nicht, und das tut mir weh. Dann hab ich meine Waffen gnommen und bin gangen. 1934 bin i zum illegalen Deutschen Jungvolk gangen. Jung Urania hat das damals geheißen bei uns. Und dort habe ich gelernt, daß für einen Deutschen das Grundgesetz lautet: „Unsere Ehre heißt Treue." Treue zum Deutschen Volk und seinem Führer. 1940, wie ich 17 worden bin, da hab ich mich glei zur SS gemeldet, zur Leibstandarte. I war überall im Einsatz. I hab mi nie geschont, aber verwundet bin i nie worden.

Ob ich in an KZ war? Nein, das waren ja nur Leute mit

schwacher Gesundheit oder die was mit Polizeiarbeit zu tun hatten. Mi hat immer nur der Fronteinsatz interessiert. Natürlich war i auch im Partisaneneinsatz. Und da muß i sagen, also es wird ja jetzt so viel Blödsinn dahergeredet, da is es schon notwendig, daß man solche Sachen klarstellt. In der HJ haben wir das no net so begriffen, aber bei der SS, da hat man uns die Wahrheit über Vieles gesagt, was man net so offen gesprochen hat. Und da haben wir erst verstanden, wie bedroht das deutsche Volk in seiner Existenz ist und daß es sich wahrhaftig um einen Kampf auf Leben und Tod handelt. Und da gibt es Naturgesetze, wer sich nicht an die hält, der ist verloren. Zum Beispiel, es gibt Rassen, die sind dazu bestimmt, Gegner zu sein, da ist nicht Platz auf der Welt für beide. Das kann man in der Geschichte immer wieder sehen. Da weiß man von vorneherein, daß früher oder später ein Kampf zwischen diesen beiden Rassen ausbrechen wird. Und wenn er dann ausgebrochen ist, dann kann man sich keine Schwäche mehr leisten. Der Mann von der anderen Rasse vor dir, morgen bekommt der eine Waffe in die Hand, das kostet dich oder deine Kameraden das Leben. Wenn er tot ist, dann hast du damit dir und deinen Kameraden das Leben gerettet. Das ist einfach ein Naturgesetz, und die Rasse überlebt, welche das Gesetz kennt und anwendet. Eine Frau etwa, morgen wird sie einen Sohn haben, und der wird dich töten. Wenn dein Volk überleben soll, dann mußt du dieses Gesetz anwenden. Oder dieses Gejammer jetzt wegen der Deserteure. Wer sich im Kampf von seinem Volk abwendet, wer ihm die Treue bricht, der soll des Todes sein. Das ist ein Gesetz, das in allen Nationen gilt. Wären nicht so viele Verräter in Wien gewesen, wir hätten Wien nie aufgeben müssen. I hab mi gschamt damals vor meinen deutschen Kameraden. I hab ma gwunschen, a Kugel trifft mi, und i wär tot. Überhaupt nachdem i bei der Mutter war. Und natürlich hab i zrück müssen, wenn der Befehl dazu kommen is. Aber wir haben den Russen

nix gschenkt und auch net den Feiglingen, die uns unterkommen sind. Kämpft hat meine Einheit bis zum letzten Tag, wo offiziell der Waffenstillstand ausgerufen wurde. Wir waren vielleicht noch zehn Mann zusammen, in Oberösterreich, da haben wir uns überlegt, was wir tun sollen. Es hat welche gebn, die wollten in die Berge und als Partisanen weiterkämpfen. Aber i und andere warn dagegen. Wir wollten uns aber auch nicht ergeben. Da hab ich eine Idee ghabt, wir haben a Bürgermeisteramt besetzt und uns allen Zivilpapiere ausgestellt, als vom Wehrdienst Befreite weil halber Jude, Erbkranker und ich weiß nicht was. Wir haben uns deppert glacht beim Ausstellen. Das hat auch funktioniert, und Anfang 1946 war ich scho wieder in Wien. Seit damals, also i schenier mi für nix, damals hab i gsagt und auch no heute, sollt' mi aner anstänkern wegen der Blutgruppe*), dem hau i ane in die Goschen.
(Das Gespräch wurde im Schwimmbad geführt, in der Badehose.)

DER KURTI VOM GEMEINDEBAU

4./5. April

Das Wehrertüchtigungslager auf der Knödelhütte ist damals in eine Volkssturmeinheit umgewandelt worden. Wir waren 200 oder 300, nur Burschen, 15 oder 16 Jahr. Wir hatten Uniformen, richtige Ausgehuniformen, die „Sarasani“ aus dem 38er Jahr, sehr verdächtig hat man ausgschaut drin, wie a SSler. Anfang April ham s' Freiwillige gesucht zum Waffenabladen. A paar sind mitgfahrn zur Meidlinger Kasern. Ich auch. Ich hab mir denkt, wenn ich erst in Meidling bin, bin i glei daham. Da hat's geheißen, die Waffen san aus der Trostkaserne zum Holen.

---

*) Blutgruppentätowierung der SS-Angehörigen am Oberarm

Wir fahren, und auf der Wienerbergstraße, zufällig vorm Gemeindebau, wo ich gwohnt hab, müß ma Gas tanken. Nacht war's und Verdunkelung. Ich hab gsagt, ich muß austreten. Erst bin ich langsam gangen, dann grennt. Ein Umweg bis zur Spinnerin und dann hinten herum zu unsern Gemeindebau. Zur Mutter, die zufällig wieder dort war, weil dort ein Keller war, wo sie die Leut kennt hat. Unsere Wohnung war ja ausgebombt. Wie ich hinkomm, is des Tor zu, da war einer, der hat mich kennt und hat mich einelassen. Ich komm in Keller. Die Mutter schreit: Mei Bua! Die Leut vom Gemeindebau haben mir gschwind ein Gwand bracht und die Uniform hat wer vergraben. Dann haben s' mich einteilt mit an Gwehr und aner roten Armbinden zur Bewachung vom Gemeindebau, damit die SS net im letzten Moment Sabotageakte machen kann. Die Leut haben erzählt, in der Näh soll a Naziparteilokal gsprengt werden, und die Parteien sind desperat worden, denn sie waren ja gefährdet. Und die SS haben schon Leitungen gelegt in der Gärtnerei, da war a Planken. Mit ein Gummizangel bin ich hingrobbt. Weil gehen hat ma net können, die Deutschen waren noch da und haben ein MG gehabt. Und ich bin hin auf dem Bauch und hab halt die Leitung durchzwickt. Auf dem Rückweg bin ich grobbt, es hat mich einer gsehn bei dem MG und angrufen. Hab ich mir denkt: jetzt nix wie rennen und bin grennt in den Gemeindebau in ein kleinen Hof. Und es muß eine Zehntelsekunde gwesen sein: das MG hat gschossen, und ich bin grad in dem Augenblick in an Bombentrichter gfallen, an tiefen, der in dem Hof vom Gemeindebau war. Ich bin schnell wieder auf der andern Seiten außerkräult und in a Stiegen rein und zu die Leut in Keller. Aber die haben sich gfürcht und sind dann auch weg, weil s' Angst ghabt haben, es wird dort gsprengt. Und die Keller waren durchgängig, so bin ich durch die Keller in mein Keller, wo meine Leut waren. Ist Ihnen was passiert? haben s' gfragt. Aber na, hab ich gsagt. Wie man schon is. Aber dann nachher hab ich Bauchweh kriegt.

*

Am 4. war das Flakfeuer über der Stadt – russische und deutsche Flugzeuge in bunter Abwechslung, das war fast komisch – (ich hab welche abstürzen gsehn, so wie im Kino) – so am 5., da hat ja der Schlachtlärm schon nimmer mehr aufgehört. Mündungsfeuerblitze, Raketenzeichen, ein Feuerwerk sondergleichen.

SCHLACHTHAUS

6. April

. . . Schlachthaus St. Marx. Ich erinner mich, wie die Leut die letzten eingefrorenen Schweine geplündert haben. Es war sowas wie eiserne Vorräte. Völlig frei, die ganze Bevölkerung hat sich dort was geholt. Die Leut sind mit ausgerenkte Händ grennt und haben halberte Säu hinter sich hergschleppt. Mit Kerzen sind s' in die allertiefsten Räume gangen. Ich war net ganz unten. Ich bin gleich oben mit die Haar an ein Fleischhaken hängenblieben. Ich hab ein hysterischen Anfall kriegt . . .

*

Am 6. April 1945, ca. 8 Uhr vormittags, wurden wir Gefangenen des Zuchthauses Stein/Donau verständigt, daß wir alle entlassen werden. Im Laufe des Vormittags wurden dann die Kleidersäcke der Gefangenen aus dem Magazin in den Hof geschafft, dort, nach dem Alphabet geordnet, begann dann die Freilassung einzelner Gefangener . . . Da dem Aufsichtspersonal bekanntgegeben wurde, es könne sich verschiedene Leder- und Textilwaren zum Eigengebrauch holen, so war bei dieser Kleidersucherei fast keine Aufsichtsperson anzutreffen. Durch dieses, nur auf den persönlichen Vorteil bedachte Vorgehen der Aufseher entstand im Hofe unter den Gefangenen ein großes Durcheinander, Leute nahmen Sachen, die gar nicht ihnen gehörten, so daß sich Insp. Lang genötigt sah, vertrauenswürdige politische Gefangene zur Aufrechterhaltung der Ordnung mit Waffen zu versehen und für Ruhe zu sorgen . . . Einige verbissene Anhänger der NSDAP verständigten eine sich gerade im Ort befindliche Abteilung der SS von der Freilassung der Gefangenen. In ihrer Begleitung erschien ein schwerbewaffnetes SS-Kommando und stieß die ihnen über die ordnungsgemäße Entlassung der Gefangenen berichtenden Beamten beiseite und begann ein wildes Schießen auf die im Hofe befindlichen Gefangenen . . . Gefangene, die in ihrer Angst ein Versteck aufsuchten, wurden aus diesem hervorgeholt und erschossen . . . Ich flüchtete in den Südflügel, dessen Fenster auf den Hof mündeten, wo sich dieses grauenhafte Morden abspielte. Ich stieg auf ein Stockerl, um die Vorgänge besser beobachten zu können. Im Hof sah ich schon viele Leichen liegen. In diesem Hof befand sich auch ein Berg von alten Schuhen, unter welchen sich viele Gefangene zu verstecken suchten, sie wurden aber alle hervorgeholt und von rückwärts erschossen . . . Ferner erblickte ich Leichen im Hof, Blutpfützen und Körperteile . . .

*

Nach vorsichtigen Schätzungen wurden am 6. und 7. April 1945 in der Strafanstalt Stein und den umliegenden Orten 500 zum größten Teil politische Häftlinge von SS, Volkssturm und SA massakriert . . . In der Anstalt selbst wurden am 6. April 1945 von einem SS-Kommando der Leiter der Strafanstalt Stein, Regierungsrat Kodre, der Verwaltungsinspektor Lang, sowie die beiden Oberwachtmeister Pölz und Lasky „standrechtlich erschossen“, weil sie die politischen Häftlinge freigelassen hatten. (DÖW)

*

. . . Am Hauptzollamt sind die Leut bis zu die Knie im Rotwein gwaten. Sie haben den Spund von die Fässer aufgschlagen und haben s' nicht mehr zumachen können.

KOPFSTAND IN DER MARMELADE

In der Ausstellungsstraßen war ein Lager mit Fasseln. Gschwefeltes Birn- und Apfelmus, was angeblich noch die Frauenschaft aus Fallobst einkocht ghabt hat. Das haben wir außerkratzt. Es hat furchtbar gschmeckt. Jeder hat's dem andern gsagt: Hörst, dort gibt's des! Und wir haben das gfressen. Haben ein Kopfstand in die Fasseln gmacht wegen ein paar Löffel Schwefelmus als Nachtmahl . . .

Beim Küfferle in Meidling in der Flurschützstraßen haben s' die Schnapsfässer aufgmacht, da waren alle besoffen . . .

Beim Cabos in der Gumpendorferstraßen hat's geheißen, die Leut dürfen sich was holen. Da waren Blechdosen und Schaffeln mit Marmelade. Ich hab eine Marmelade und einen Linde-Kaffee erwischt. Es war lebensgefährlich. Ich bin gar net bis ganz hin gangen . . .

Beim Meinl im Lager is einer, a ganz a Wilder, mit dem Messer gangen. Da haben s' ein neuen Raum aufgmacht, und die Leut sind vorher schon in Nudeln und Marmelad bis zu die Knöcheln gwatet. Und der is mitn Messer gangen und hat nur jeden Sack aufgschlitzt: Mehl – hab ich schon! Erbsen – hab ich schon! und das ist alles gronnen. Dann sind die Tauschgeschäft angangen: Mehl gegen Margarine oder was das war in große Radeln.

. . . Drübergstiegen sind's über die Leut, ich weiß net, warn s' ohnmächtig oder tot . . . überall hat's knirscht von Erbsen, Reis und Bohnen. Eine Frau ist außerkommen mit ein Marmeladkübel auf, den muß ihr wer aufgsetzt haben, die Marmelad ist ihr bis in die Schuh gronnen, das hat gequatscht beim Gehen – jetzt lacht man, – die Kinder haben ihr die Marmelad abkratzt und abgschleckt . . .

Da hab ich vom Balkon abegschaut und hab vier Leut gsehn mit an Leintuch gehen, jeder an einem Zipfel. Und drin waren lauter kleine Hutschpferd mit rote Kufen. Keine großen und komplizierten, so vielleicht für Zweijährige zum Draufsetzen. Und die haben ein Leintuch voller Hutschpferd davongeschleppt. Vielleicht zum Einheizen? Ich weiß net. Wozu brauchen die Hutschpferd? Wann s' Rüben davongeschleppt hätten in dem Leintuch oder Erdäpfel, aber Hutschpferd? . . .

. . . In Speising war a Bäcker, der hat mit a paar Leut sein Geschäft verteidigt. Da is nix plündert worn. Und der hat dann wirklich für das Grätzl – mit abgsteckte Gassen nur für die Leut, die da gewohnt haben – Brot backen. Und da hat's wirklich ein Brot geben . . .

RAMBO

6. April

Wir waren natürlich alle bei der Hitlerjugend. Mußten wir ja, aber niemand ist gefragt worden, ob er will oder nicht. Mein Fähnleinführer jedenfalls, der war begeistert bis zum Ende, und der hat mich ja praktisch gezwungen, mich zusammen mit ihm und noch ein paar Hitlerjungen freiwillig zu melden. Mit vierzehn hätte ich ja noch nicht zum Volkssturm müssen, aber ich habe zu dieser Gruppe gehört, da hat er immer gesagt: „Ihr seid meine Besten." Und ich war eigentlich stolz darauf. Der Sepp, das war der Fähnleinführer, der hat uns immer vorgelesen aus der Zeitung, welche Heldentaten von Hitlerjungen verübt werden. Er wollte immer, daß wir zusammen Panzer abschießen und damit unsere Namen auf die Ehrentafel der Nation einschreiben. Dadurch hat er uns dann hingekriegt, daß wir uns zu fünft meldeten. Ich war der jüngste, die anderen waren so um die fünfzehn, und der Sepp könnte schon sechzehn gewesen sein. Weiß nicht mehr genau. Mit der Ausbildung, das ist alles sehr schnell gegangen. Aber Burschen dort, die schon ein paar Wochen beim Volkssturm waren, die haben mir gesagt, das mit dem Panzerabschießen, das stimme schon, aber es gingen furchtbar viele dabei drauf. Da hab' ich mir gleich gesagt, ich werd vorsichtig sein. Und dann sind wir auch schon in Einsatz geschickt worden. Ein SS-Mann, der hat uns zu einer Kreuzung hinter dem Heuberg gebracht, und der hat dann gesagt, da komme eh nix, aber wir sollten die Kreuzung doch überwachen. Wie wir allein waren, da hat der Sepp geschimpft, das sei eine Schweinerei, uns an eine Stelle zu stellen, wo nichts los ist. Die hielten uns für halbe Portionen, aber wir würden schon zeigen, was in uns drinstecke. Dann fing er mit einem von uns zu streiten an, ich kann mich nicht mehr an den Namen erinnern, der behauptete, er würde mehr Panzer abschießen wie der Sepp. Sie hätten sich fast geprügelt, aber da haben wir Motorengeräusch gehört. Geschossen wurde aber nicht, und so haben wir gedacht, vielleicht sind's Deutsche. Zur Sicherheit haben sich aber die anderen mit Panzerfäusten links und rechts in den Straßengraben gelegt, das war talwärts glaub ich, von dort ist der Lärm gekommen. Ich blieb um die Ecke von der Kreuzung, da hatten wir die restlichen Panzerfäuste und die Munition, und ich sagte, ich werde ihnen Munition bringen, wenn sie Nachschub brauchen. Dann war zuerst einmal gar nichts. Dann war der Lärm schon stark, aber keine Schüsse, und ich dachte, das sind bestimmt Deutsche und ging nachschauen. Da sah ich, es waren eh Russenpanzer und links und rechts Soldaten zu Fuß. In dem Moment seh ich den Sepp hervorspringen, um die Panzerfaust abzuschießen. Aber die Russen haben gleich mit ihren Maschinenpistolen geschossen. Die Panzerfaust vom Sepp ist noch losgegangen, irgendwo in die Bäume hinein. Ich hab alles fallen lassen und bin gerannt, weg, nur weg, durch den Wald Richtung Wien. Dort haben mir dann Frauen gesagt, ich solle das Gwandl wegwerfen, sie geben mir eine Zivilhose und einen alten Rock. Die haben mich dann auch im Keller versteckt, ich konnte nicht mehr weiter.

Später hab' ich gehört, daß nur einer von meinen Kameraden den Zusammenstoß mit den Russen überlebt hat, sie haben ihn gefangen genommen, er sei aber dann in der Gefangenschaft gestorben. Ich bin nie wieder an diese Kreuzung zurückgegangen. Ich war ja froh, daß ich nicht so heldenmütig sein wollte wie die anderen. Aber schuld am Tod dieser Buben, glaube ich, waren diese Zeitungsberichte, die uns vormachten, es sei alles ganz leicht. Dadurch haben wir uns das so vorgestellt, so wie jetzt im Kino mit dem Rambo. Der zielt ja auch nicht, wenn er schießt, und alle Feinde fallen gleich tot um.

DIE FLAK AM NUSSBERG

Als ich vom Spital zu meiner Mutter nach Hause kam, da erfuhren wir, daß mein Bruder bei Mährisch-Ostrau gefallen war. Mein Vater war weg, der hatte zum Volkssturm müssen. Ich selber, mein Arm war noch vereitert, ich hatte die erste Operation gehabt, von der Amputation. Das muß ein paar Tage nach dem 15. Februar gewesen sein, daß ich nach Wien kam, denn am 15. Februar ist er gefallen. Und ich kam nach Wien, um ihn zu sehen, er war in Götzendorf im Lazarett. Aber er ist gesundgeschrieben worden, bevor ich noch kam, und ein paar Tage später war er tot. Ich selber wurde AV geschrieben; „arbeitsverwendungsfähig“ bis zu nächsten Operation. Und da hab ich das Glück gehabt, ich war beim Arbeitsdienst vorher, und da hab ich mich wieder hingemeldet, sonst wär ich zur Gefangenenbewachung gekommen. Da kam ich zuerst nach Albern, und wie's um Wien ging, habe ich mich Anfang April nach Wien gemeldet und bin auf den Nußberg gekommen, zu einer Flakbatterie. Der Befehlshaber, der war g'scheit, der hat soviel schießen lassen, daß uns die Munition ausgegangen ist. Daraufhin hat er die Batterie sprengen lassen. Weiter hinten, auf dem Kahlenberg, die haben länger geschossen, die sind vernichtet worden. Wie wir gesehen haben, daß die Russen von hinten, aus dem Wienerwald kommen, da haben wir eh nimmer geglaubt, daß Wien zu halten ist.

Dann sind wir mit Pferdewagen zum Nordwestbahnhof und weiter nach Westen. Wo wir die Pferdewagen herhatten? Na aus der Nußdorfer Brauerei. Bier, da war auch noch eine Menge da, aber wir wollten nur weg, da denkt man nimmer ans Bier. Wir sind also weiter nach Westen, und da hat es geheißen, wir kommen nach Pregarten, und da hab ich gesagt, da geh ich lieber nach Neuhaus ins Lazarett, zur Reamputation meines Arms. Bevor wir aus Wien weg sind, habe ich noch schnell ein oder zwei Kübel Wein für meine Mutter besorgt und eine Kiste Quargeln vom Nordwestbahnhof, verabschiedet und gerannt. Für mich habe ich ein paar neue Schuhe gefunden, aber wieder verloren. In Neuhaus, da wurde ich operiert, sowie ich konnte, bin ich weg, und dann am 1. Juni mit dem ersten Zug aus dem Waldviertel wieder nach Wien.

WANDERUNG DURCHS WALDVIERTEL

7./8. April

Da war ich die letzten Tage zu Haus und mußte aufs Arbeitsamt. Und weil ich ja eh schon die Einberufung hatte, haben s' gsagt, es zahlt sich nicht mehr aus, mich wo hinzuschicken. Am nächsten Tag warn die Russen schon am Matzleinsdorferplatz, da hat die Freundin meines Papas gesagt: Madl, du mußt gehen. Sie kann keine Verantwortung übernehmen, hat sie gesagt. Aber das war ja nur, weil ich kein Saccharin mehr brachte, seit die Fabrik hin war, und sie wollte mich nur als Esser loswerden. Da bin ich eben gegangen. Einberufen zum Arbeitsdienst war ich nach Zwettl. Die Russen warn am Matzleinsdorferplatz, und ich bin auf der anderen Seite rausgefahren. Ich wollt ja gar net, aber die Freundin vom Papa hat so ein Theater gemacht, wer weiß, wenn's so ist wie in Breslau, das dauert' zwei Monate, und wir werden alle dabei umgebracht. Aber sie wollte mich nur loswerden.

Na, da sind wir gefahren, der Zug war schon halb hin, geregnet hat's, hereingeregnet hat's, und meine Nachbarin, die hat die ganze Zeit geschimpft, daß sie weggefahren ist. Die Mutter nämlich. Weggerannt sind sie, weil die Tochter eine Angst gehabt hat, vor den Russen. Und wie's dann hereingeregnet hat, da hat die Mutter die ganze Zeit gekeppelt, so ein Blödsinn, man kann vor gar nichts wegrennen. Und dann haben die Leute versucht, mit dem Geschirr, das sie mithatten, das Wasser aufzufangen. Was wir gegessen haben? Na, was jeder halt so mithat. Ich hab' auch einen Speck als Reiseproviant gekriegt, den hat sie mir weggenommen, „den ißt Du eh net", hat sie gesagt und hat mir zwei harte Eier gegeben. Aber es war eh wurscht, im Zug hat jeder mit jedem geteilt. Alles Mögliche war in dem Zug: Verwundete, Flüchtlinge, die merkwürdigsten Leute. Na und Zwettl, da hat es gleich geheißen, Feierabend, jeder soll sich absetzen, wohin er kann. Also ich hab das eigentlich genossen, es war so ein wunderschönes Frühlingswetter. Ich bin zu Fuß kreuz und quer durchs Waldviertel und Mühlviertel bis nach Linz. Überall ist schon in den Gasthäusern Stroh gelegen in den Gaststuben, da schliefen alle möglichen Leute und sind morgens wieder weitergezogen. Das war eigentlich sehr lustig. In Linz bin ich dann wieder auf einen Zug und bei Salzburg zu Freunden. Dort bin ich dann geblieben.

DAS LETZTE ZITTERN

Ich habe mich nie zu etwas gemeldet und bin immer drangekommen. Bereits Ende 1944, mit 16, rückte ich zum Volkssturm ein, da mußten wir im Burgenland Panzergräben ausheben. Die waren eh zu nichts nütze, die Russen sind wo anders gefahren. Danach kam ich in ein Ausbildungslager. Dort hatten wir merkwürdigerweise alte tschechische Uniformen. Die behielten wir noch, als wir dann bei Pressburg zur Verteidigung der Stadt eingesetzt wurden. Aber zu einem richtigen Kampf kam es für uns gar nicht. Ich weiß noch, ich saß mit einem Freund ganz allein in der Stellung, und wir wunderten uns, wo denn die anderen abgeblieben seien. Da kam ein einzelner SS-Mann gerannt, der schrie uns zu: Verschwindets, hinter mir kommen schon die Russen! Da sind wir mit ihm mitgerannt und dann zu Fuß weiter nach Wien. Dort wurden wir dann noch eingekleidet in deutsche Uniformen. Das war in Heiligenstadt. Wir waren mit allen möglichen anderen Einheiten in einer Kirche einquartiert und wurden einmal da einmal dort hingeschickt, um irgendeinen Auftrag auszuführen. Einmal wurde mein Zug von zwei SS-Leuten requiriert, die fuhren mit uns nach Hütteldorf zur Villa vom Baldur von Schirach, das war der Wiener Gauleiter. Die holten alles mögliche heraus, Kisten und Papiere. Dann fuhren sie ab, wir mußten mit einem SS-Mann zu Fuß zurückgehen. Wir gingen die Hütteldorferstraße stadtwärts und kamen nur ein paar Meter vom Haus vorbei. Ich fragte den SS-Mann, ob er mich schnell zu meiner Mutter lasse, ich käme bestimmt wieder zurück. Aber er ließ mich nicht gehen. Ich konnte nicht weglaufen, denn ich mußte ein MG tragen, und er ging immer neben mir. Ganz hinten kam der S., auch aus der Breitenseerstraße, der mußte die Munition schleppen. Wie wir beim Gürtel ankommen, da haben wir erst bemerkt, daß er gar nicht mehr da ist. Im Lager in Heiligenstadt, da war schon alles in Auflösung. Die Brücke über den Donaukanal wollten sie sprengen, aber es funktionierte nicht. Die Frauen in den Häusern rundherum, die sagten uns, wir sollten das Klumpert wegschmeißen, die Waffen und die Uniformen. Aber der SS-Mann mit uns, das war ein Deutscher, der wollte nicht. Der wollte, daß wir uns geschlossen zurückziehen. Er war auch nicht viel älter als wir, und schließlich haben ihn die Frauen herumgekriegt. Er hat so wie wir Zivilkleider von den Frauen bekommen, und dann haben wir uns alle in den Kellern versteckt. Wie dann die Russen gekommen sind, haben sie die Decken von uns weggezogen und geschaut, ob wir Uniformen anhaben. Das war das letztemal, wo wir in diesem Krieg gezittert haben.

GEH HAM!

7. April

Frage: Hätten Sie einem Soldaten ein Zivilgewand gegeben? Antwort: Ja, wenn aner kummen wär! Aber ma kann eahna doch net nachrennen: bittschön, ziagn s' Ihna aus!

*

Wir waren a Gruppe junge Leut, aber auch ältere, bei uns in Sandleiten. Eltern von Buam, die bei uns waren, Kranke, Halbjuden, Deserteure. Ich bin damals nach Wien zurück, noch in Uniform. Ich war Skilehrer. Es war leicht – die Kontrollen waren scharf auf alles, was von Wien weg is, von der Front weg. Auf Wien hin war's net so schlimm. Zur Front war's leichter flüchten. Die Lage war so: Es hat eine Menge Soldaten geben, auch Deutsche, die angfressen waren vom Krieg. Der ganze Apparat war schon innerlich sehr stark zersetzt und in Auflösung. In Sandleiten beim Sandleitenkino war unsere erste Entwaffnungsaktion. Wir haben ein Gewehr versteckt ghabt und einige Pistolen. Die ersten Soldaten sind vorbeigangen. Dort war a Spinnstoffsammlung der NSV vis-à-vis vom Kino, wir dort eini. Gehn Soldaten vorbei. Wir: Geh her da, gibs Gwehr her, ziag die Uniform aus, geh ham. Das war so zwischen 6. und 9. April. Mehr oder minder ist das im allgemeinen leicht gangen. Die meisten waren froh, daß ein Zivilgwand kriegt haben. Das hat sich gschwind verbreitet. Hundert Gewehr haben wir am ersten Tag schon kriegt. Dann is ein Piefke mit 8 oder 10 Soldaten vorbeikommen. Der hat net abrüsten wollen. Wir haben schon ein Maschinengewehr ghabt. Es war kein ernster Widerstand, er hat dann gleich alles hergeben. Wir haben alle rennen lassen. Wir haben noch zwei Entwaffnungsstationen ghabt, im Pirquethof, und die größte: im Türkenritthof. Die Madeln haben a große Rolle gspielt, die haben kocht. Wir haben a Schlafstelle für Abgrüste ghabt, die weiter weg gwohnt haben. Die haben wir dort verpflegt. – Eine Episode: A großer Nazi vom Reichsnährstand war da, a Piefke, der wollt mit sein Dienstauto nach Berlin abhaun, wie' s brenzlich worden ist. Sein Fahrer war bei uns. Wir haben das Auto mitsamt dem Fahrer versteckt. Das war unser erstes Auto. Damit sind wir außergfahrn nach Sandleiten. Gleichzeitig mit der Entwaffnungsaktion haben wir den Leuten gsagt, sie sollen weiße und rote Fahnen heraushängen. Mit Radeln und dem Auto sind wir durch den Bezirk. Es hat klappt. Aber innerhalb kürzester Zeit waren alle Fahnen wieder weg. Was war los? Da hat's Nazi geben, die haben gsagt: Überall, wo weiße Fahnen sind, schießt die SS in Währing aus'n

Türkenschanzpark. Dann sind wieder wir durch, dann waren wieder die weißen und roten Fahnen heraußen. Das is ein paarmal so hin und hergangen. Die Russen sind dann, wie sie kommen sind, in Ottakring auf kein Widerstand gstoßen. Sie haben uns ein Zettel geben, daß unser Auto a Partisanenauto is. Ein Haken hat das mit dem Auto ghabt: die Überbelastung und die hinigen Straßen. Die Federn sind brochen. Aus war's mitn Partisanenauto. Ja, daß ich net vergiß: Ich hab den Volkssturm in Neuwaldegg aufglöst. Dort waren s' gmischt, alt und jung. Ich bin mit'n Radl außergfahrn, in Uniform natürlich, ich war Unteroffizier, und hab an „Befehl vom Wehrkreiskommando" bracht, der Volkssturm is aufglöst. Ohne was Schriftliches. Es war keine besondere Heldentat, es war eh schon alles in Auflösung. Die Auflösung des Volkssturms war ungeheuer populär in ganz Wien. Und die haben net viel nach was Schriftlichem gfragt, damit s' hamgehn können . . .

EIN U-BOOT TAUCHT AUF

Ich bin damals im Kabinett auf- und abgangen, nervös natürlich, kennens Ihnen denken. Auf einmal kommt die Nichte: „Onkel, stell dir vur, in der Wattgassen san Russen!" Ich hab's net recht glaubt. Am Sportplatz hat noch unsere Flak gschossen. Jedenfalls – in der Wattgassen waren doch Russen. Auf einmal sind die Russen wieder weggwesen, es hat geheißen, zurückgeschlagen nach Neuwaldegg. Na, können S' Ihnen vorstellen! Dann waren s' offiziell auf der Hernalser Hauptstraßen. So, das wär's. Mei erster Weg war dann dort auße in den Betrieb – da waren alle sehr nett. Der Tischler hat net gwußt, daß ich a Jud bin, er hat nur rein instinktmäßig gewußt, mit mir stimmt was net. Wir waren alle zusammen froh, daß wir's überlebt haben. Und die wollten natürlich wissen, wie ich eigentlich untergetaucht bin. Da hab ich ihnen erzählt von dem monarchistischen Hauptmann vom Palais Pallavicini, der mich in seiner Wohnung hat bleiben lassen. Von meine Bekannten in Stadlau, die mich verpflegt haben, wenn s' auch nicht gewußt haben, wo ich bin. Das is gangen a Jahr oder so. In der Zwischenzeit war da a Elektriker in der Josefstadt, der a Nazi war. Der hat dringend an Monteur braucht. Der sagt zu mir: I mach Ihnen an Vorschlag. Ich hab mich mit ihm getroffen. Da is eine Ofenfirma umgstellt worden auf Heeresbetrieb. Die brauchen an verläßlichen Monteur, sagte er. Ich fahr mit Ihnen dort hin. Wegen dem Material rufen S' an, i werd Ihnen bezahlen, vor allem mit Lebensmittel. Ich: Na ja, ich werd's versuchen. Es war in der Hütteldorferstraße. Die haben fahrbare Gleichrichterstationen gebaut, die Rahmen. Ich dort hin, er stellt mich hin: der is zur Zeit nicht wehrpflichtig, den können S' haben, das is mein Monteur Fritz. Ich bin um 7 Uhr früh kommen nächsten Tag. Siehe da, mit mir zugleich 100 Häftlinge, Soldaten aus dem Militärgefängnis, na, ob das das Richtige is! Aber dort waren 10 Mann Bewachung. Es hat dort niemand Unberufener reinkönnen – das war a gmahte Wiesen – dort hab ich mich wohlgfühlt. Niemand hat sich um mich gschert. Ich hab klaglose Arbeit gmacht. Eines schönen Tages muß i zum Direktor: er hat Zigarren graucht: Ah, da sind Sie ja. I mecht a Telefon. – Ich hab das gmacht. Er schaut auf einmal zu, wie i montier: Sagen S' einmal, wieso san Sie net eingrückt? Ich: Herr Direktor, es is vielleicht a bisserl frech – aber wieso san Sie net eingrückt? Schließlich muß ja wer was arbeiten a. Er: Natürlich, natürlich. – Er hat mich nie mehr belästigt.

Es waren auch sehr viele Fremdarbeiter da. A buckliger Jugoslawe. Alle Fremdarbeiter waren als Kommunisten verschrian. Einer war durt, der Betriebstischler, der war ka Fremdarbeiter, der durch ein Unfall – er hat einmal in an Zelt gschlafen und a Lastwagen is über ihn drübergfahrn, da is er narrisch worden und vom Militär befreit worden. Ich war sehr gut mit dem. Eines Tages rennt der bucklige Fremdarbeiter mit ausgstanztem Sowjetstern am Rücken umeinand, 20–25 cm hoch. So wie man wem was anhängt. Ich hab glaubt, mich trifft der Schlag. Er hat tan, als wissert er nix. Das war Vormittag. Da war a komische Stimmung. Krawall. Und i hab grad in der Lackiererei a Spritzaggregat repariert. Kommt der Tischler: die Gestapo is im Haus. Halts Mäu – kumm zu mir in die Werkstatt. Ich: Was interessiert das mi! Er zerrt mich in die Werkstatt: Da kräulst hintre! Ich: Na wennst glaubst. Er hat a Holz vorgschlicht. Er: I sperr zu, wann i kumm, dann pfeif i. – Ich bin zwei Stund hinter dem Holzstoß gsessen. Er kommt pfeifend: Kannst schon firikräuln. Ich: Warum hast denn das gmacht? Er: red net, sei froh, daß vorbei is. – Den Ausgwachsenen haben s' mitgnommen. Ich bin in der Zwischenzeit alle Tag in die Habsburgergassen und in der Früh wieder auße. Durch Vermittlung durch Bekannte, als Augenauswischereiausweis, solang noch Mischehen sein konnten, da hab ich einen Trauschein bekommen, Original, Name des Mannes sagen wir Huber, auf meinen Namen umgewaschen. Da bin ich sogar mit dem Stern gangen, wo i hab gehen müssen. Ganz offiziell mit dem Ausweis. Das ist dann unsicher worden! Da hab ich durch Vermittlung folgendes bekommen: Original. „Schütze F. (mein richtiger Name) ist mit heutigem Tag aus gesundheitlichen Gründen ok gestellt worden und rüstet mit heutigem Tag in der Garnison Krems ab. Die Lebensmittelstelle wird ersucht, die Lebensmittelkarten ausfolgen zu wollen." Bin aber nie hingangen. Das Dokument war ganz echt mit Unterschrift vom Kommandanten von Krems und Stempel. Aber nur als Bluff-Ausweis was wert. Mit dem Ausweis hab ich mich ziemlich wohlgefühlt und bin sogar ins Kino gangen. Ich bin mutiger worden. Dann ist der Mann, der mir den Ausweis verschafft hat, erschossen worden. Es war ein Ausweis mit Photo: Elektromonteur F. K. ist berechtigt, sämtliche Räume des Kriegsministeriums Stubenring I jederzeit zu betreten. Stadtkommandant von Wien. Auf einer anderen Seiten: rote Maschinschrift: Herr F. K. ist politisch zuverlässig – das bestätigte der Mann von der Partei im Ministerium, der der Oberste war. Stempeln und Unterschriften waren echt. Nur hätt er net ghalten – wenn einer gfragt hätt und gsagt, gemma hin. Und so bin ich in dem Betrieb gwesen. Samstag – damit i net immer dort oben war – bin ich zu sehr gute Bekannte nach Stadlau, Sonntag auch . . . Bei Wagner-Biro waren gefangene Russen – die Frau hat Lebensmittel dort auf Mistgstätten glegt, die haben sich das Packerl immer geholt.

Eines schönen Tages komm i net gleich in die Arbeit, geh zuerst noch in die Wohnung. Dort is um 6 Uhr das Haustor aufgsperrt worden, aber das Tor war noch zu. Auf einmal seh ich eine Tochter von dem Hauptmann, die zum Haustor lauft. Wo ist der Papa? Ich: Das weiß ich net. Sie: Die Gestapo is bei uns – er kann nur in der Wohnung sein, sie suchen ihn. Es hat in der Villa geläutet, die Mama is aufmachen gangen, ich war schon munter. Zwei Herren von der Gestapo suchen den Franz H. Mama: Ich leb nicht mit ihm. Das Madel ist beim Fenster naus, ins Taxi und zum Pallavicini, und dort war er no net. Der Portier fragt: Was is denn? Die Tochter: Ich muß zum Papa. Der Portier läut zweimal, und der Vater erscheint: Was is denn los? (Ein bestimmtes Signal war ausgmacht für dringende Fälle). Und ich seh bei Hausnummer 5 sehr scharf ein' Mann herübergehn. Wir haben uns beide langsam zum Graben verzogen, dann ist er zur Tuchlauben glaufen – ich langsam quer: immer mit dem Gefühl, ihm is niemand nach. Ich hab das Gefühl: der is hinter mir, der is hinter mir. Ich geh ruhig weiter, hab mich net umdrahn traut. I muß rasch verschwinden. 60 Meter vom Ring – D-Wagen vom Schottentor – ich bin sofort grennt, hinten rauf, hab gsehn, niemand ist hinter mir. Sofort hab ich gschaut, ob ein Auto oder was nachfahrt. Zur Franz-Josefs-Bahn. Dort steht grad ein Fünferwagen, ich hinein und zur Friedensbrücke. Hinauf zur Stadtbahn. Da steht grad ein Wagen. So bin ich ruhig nach Hütteldorf gfahren, in die Werkstatt. So – und jetzt bin ich dagstanden ohne Quartier. Eine Schwester von mir war mit einem Christen verheirat in Hernals. Was soll ich machen. An dem Tag hab ich nix mehr garbeit, weil mir übel war. Ich bin nach Stadlau und hab versucht, Verbindung mit dem Hauptmann zu kriegen. Der war jetzt auch ein U-Boot. Er hat immer zu mir gsagt: Du Feigling, geh mehr spazieren und so. Am nächsten Tag hab ich Verbindung mit einem Bekannten von einer Speditionsfirma, bei dem in der Wohnung war er. Ich hab das erfahren. Ich hab mich mit Klopfzeichen bemerkbar gemacht. Er konnte heraussehen. Ich bin dort hin. Na, sagt er, jetzt haben wir's, jetzt sitzen wir da alle zwei. Ich bin das schon gwohnt, sag ich und hab ihm Ezzes geben und ihn mit Lebensmitteln versorgt. I bin jeden zweiten Tag hingegangen und hab ihm gsagt, gehn S' ja net auf die Straßen. Ca. 14 Tage lang hat in seiner Wohnung ständig a Kriminalbeamter gwart. Und er war dort angnagelt, der Hauptmann. Er war irgendein Macher von die illegalen Monarchisten. Offizier. Ein netter Mensch – er war alleweil a Held, da waren illegale Versammlungen von Offizieren im Pallavicini, und er hat ein' guten Kriegskameraden dort eingführt, der dann alle hat auffliegen lassen. Die andern haben s' alle verhaftet, nur ihn nicht, er is ihnen auskommen. Er ist vier Wochen in der Wohnung gwesen. Ich war in Verbindung mit dem Portier von der Habsburgergassen. Nach ca. ei'n Monat geht er zum Friseur, wird erkannt, verhaftet, nach Mauthausen gschickt. Dort hat er ein Aug verloren.

Jetzt haben s' den auch ghabt. Und ich mit diesem Fieber. Meine Freund haben versucht, ein' Arzt aufzutreiben. Sie haben kan gfunden. Auszogen hams mich und an Wickel gmacht. Es hat nix gnutzt. Am gleichen Tag is die Polizei kommen, wegen was anderen. I war im Nebenzimmer. Jedenfalls hab ich sofort wegmüssen. Jemand is zu meinem Neffen gfahren, dem Fleischhauer, der ist kommen mit sein Lastwagen. Dort haben s' mich naufglegt, Plachen und Sachen auf mich drauf, kalt war's, und zur Schwester und dort abgeladen.

Am nächsten Tag war einer der schwersten Angriffe. Alle sind in Keller, ich bin allein obenblieben. Die andern haben net bei mir sein können, damit nix auffallt, daß sie net kommen. Dann hat wer ein Arzt gefunden. Wir haben net gwußt, wie er heißt, irgendwer hat ihn gschickt. Wir haben nur gwußt, er is mir scheint aus der Haidgassen. Am nächsten Tag in der Früh hat's klopft. Erscheint ein Herr: „Ich bin Arzt, es ist jemand krank hier." Die Schwester sagt vorsichtig: „Wieso?" Dann haben sie sich zsammgredt. Er hat mich abgehorcht und sagt: „Lieber Herr, Sie haben a Schweißdrüsenabszeß, es steht sehr schlecht, Sie hätten schon vor zwei Tagen ins Spital ghört." Ich: „Machen S', was Sie wollen, aber ins Spital geh i net!" Sagt er: „Ich werd Sie operieren. Ich riskier viel. Wenn Sie den geringsten Laut von sich geben, geh ich." Inzwischen hat die Schwester die Instrumente auskocht. I hab mich am Bett anghalten, und er hat mir das gschnitten, da is außerkommen alles, was Gott verboten hat. Er hat mich verbunden und war nach drei Stund wieder da. Er ist noch zweimal kommen. Dann war ich außer Gefahr. Die Schwester hat ihm zahlen wollen, aber er hat nix gnommen. Mein Zustand hat sich gebessert. Die Russen san bereits vor Wiener Neustadt gwesen. Und i bei der Schwester, heißt's, die Russen sind schon am Exlberg und in Neuwaldegg. Dann warn s' auch in der Hernalser Hauptstraßen, und ich wieder im Betrieb.

ZEIT DER BAUMBLÜTE

Es war ein ungewöhnlich schönes Frühjahr. Wir drei Mädeln sind am 8. April von Wien weg mit dem Radl, durch die Wachau nach Westen. Die Obstbäume haben schon geblüht. Meine zwei Hübschen sind mir immer davongefahren, weil ich langsamer war. An kilometerlangen Kolonnen von Sträflingen ging's vorbei, die sind von Wien her Richtung Mauthausen marschiert. Ich bin oft a Stund an ihnen vorbeigefahren mit dem Radl. In Perg hat's die Bevölkerung gewußt, daß sie ins Krematorium kommen, noch gschwind gschwind. Ist doch net wahr, haben wir gsagt. Aber dann hab ich im Straßengraben Leut verrekken gsehn. Es war die erste harte Realität, mit der ich konfrontiert worden bin. Es waren meist Ukrainer oder Kahlgeschorene. Ich hab mich net traut, mit ihnen zu reden, es war ja a Wach dabei. Ein paar krauperte alte Volkssturmmandeln haben s' bewacht, die haben ja niemand mehr ghabt. Und die Mandeln warn auch so müd. Von Wien ging's längs der Donau. In der Wachau war Baumblüte. Auf dieser ganzen Reise war vorherrschend: der Selbsterhaltungstrieb. Wie verhungerst net? Wo kannst schlafen? Die Leut, die älter waren und was zurückgelassen haben, haben sich schon mehr Gedanken gemacht. Aber ich wollt nur irgendwie die Zeit überleben. Es sind net nur Gefangene marschiert. Man hat's net so unterscheiden können, ob's Trecks aus Ostdeutschland waren, auch viele Wiener. Zum Teil mit kleine Kinder, wo die Männer eingrückt waren und die sich gfürcht haben. Nazi auch. Und Leut, die Angst vor einer monatelangen Belagerung gehabt haben. Leut mit Bekannte irgendwo zum Unterschlupfen. Teilweise ist die Bahn gefahren, Autos hat's geben, Lastautos, Pferdewagen, Radeln. Ganze Dörfer aus dem Osten. Endlose Kolonnen. Ich bin einmal ein ganzen Tag mit einem Weißrussen marschiert, der war Jurist und is in den 20er Jahren aus Rußland geflüchtet.

Ungarische Adelige sind auch gflücht'. Und wie gsagt, aus die Gfangenenhäuser haben sie sie trieben nach Mauthausen . . .

*

Ich hatte als Volkssturmmann am 8. April einen Dienstgang in Floridsdorf. Es war gegen 15.15 Uhr, als ich am Floridsdorfer Spitz vorbeikam. . . . Ich sah mehrere Kraftwagen mit SS-Angehörigen anfahren . . . und ein großer grauer Wehrmachtsautobus kam aus Richtung Stadt. . . . Der Leutnant lehnte die Leiter an eine Säule der Autobushaltestelle, stieg hinauf und befestigte einen Strick . . . dann an der Verbotstafel den zweiten Strick . . . an der andern Verbotstafel den dritten. . . . Die Tür des Autobus öffnete sich, und es stieg ein etwa 60 Jahre alter Offizier des Heeres ohne Dienstgradabzeichen . . . aus. Die Hände hatte er gefesselt. . . . Auf der Brust hatte er zwei Tafeln hängen . . . „Ich habe mit den Bolschewisten paktiert." . . . Zwei Henkersknechte zogen ihn hoch, und der Leutnant zog den Kopf in die Schlinge . . . dauerte einige Minuten, bis die Zunge des Offiziers zum Vorschein kam . . . jetzt wurde der Nächste hergeführt. Der Offizier blickte gegen den Himmel und schrie vermutlich: „Es lebe Österreich." Ich habe nur ganz genau vernommen „Österreich". Der Leutnant . . . wütend . . . nahm ihn beim Kragen und wollte ihn durch die Schlinge ziehen. Jedoch zogen die Henkersknechte vorzeitig an, so daß die Schlinge sich öffnete, und der Offizier fiel . . . auf ein Einfriedungsgitter der Parkanlage mit dem Rücken nach unten. Der SS-Leutnant sprang sofort von der Leiter . . . und stieg mit dem rechten Fuß auf die Gurgel des Offiziers. Die Knechte sprangen auch hinzu und hielten den Offizier bei den Füßen. Dann banden sie ihm die Füße zusammen. Der Leutnant nahm ein Messer . . . und stach damit den am Boden liegenden Offizier ins Gesicht. Ich konnte später feststellen, daß er ihn mitten in die Stirne

gestochen hatte, wobei das Messer . . . abgebrochen sein muß. . . . Dann hoben alle drei den Offizier in die Höhe, gingen zur Leiter und hingen ihn auf. Er gab noch kurze Zeit Lebenszeichen, und das Blut rann ihm vom Kopf . . . Darauf stieg neuerlich ein junger, ca. 25 Jahre alter . . . Offizier aus . . ., wurde zu seiner Richtstelle geführt . . . und aufgehängt. Dies ging sehr schnell. . . . Der SS-Leutnant nahm seine Leute zusammen, lächelte zufrieden und sagte so etwas wie „Es ist vollbracht".
(Augenzeugenbericht über die Hinrichtung von Major Karl Biedermann, Oberleutnant Rudi Raschke und Hauptmann Alfred Huth. Österreichisches Dokumentationsarchiv der Widerstandsbewegung.)

BRÜCKEN

8. April

Also ein Erlebnis, das wer i a net vergessen – das war noch zwa Tag, bevor die Russen Wien genommen haben – rennt a Soldat, a junger Bursch – Wie wüld kommt er mir so entgegen – i hätt ihn nur aufhalten brauchen, aber i hab mir denkt, soll i den aufhalten, hat der was gstohlen oder was, – bin aber aufd Seiten gangen – und derweil wollte der fliehen – und sie ham ihn derwischt und dann erschossen, gel.

Offiziere san ihm nachgrennt. Hab mir denkt, Gottseidank hab i den net aufghalten – machst oft was Bleds in an Moment, wosd net denkst – is ja Krieg und der kann doch nur flüchten wollen! Und dann hab ich eben ghört – jetzt hams den – mein Gott der arme Teufel – und am nächsten Tag war's aus. Net. Wozu? Natürlich hat er Angst kriagt, hat sie denkt, i renn auf und davon. So a junger Mensch will ja – weg! – Vielleicht wann er net grennt war und so – hätt er sagen können, er hat si verirrt –

oder er hat gschaut, daß er wo was kriegt – weil am Land haben doch die Gschäfte noch mehr funktioniert.

*

... fuhr ich sogleich zur nächsten Brücke. Diese war wohl nicht so wichtig für den Verkehr, lag jedoch im dichtverbauten Gebiet. Mit dem Landser, der dort den Sprengbefehl hatte, wurde besprochen, daß er einen Teil der Ladung in den Bach abrutschen lassen sollte. Seine Bedenken, man könnte ihn dabei erwischen, entkräftete ich mit der Begründung, er solle ganz einfach sagen, die Ladung sei nicht entsprechend gut angebracht, und er wäre eben dabei, das Versäumte nachzuholen. ... Der Erfolg war für mich zufriedenstellend, denn er entzündete nur die halbe Ladung. Die Brücke war nur wenig beschädigt und konnte mit geringer Stützung gleich wieder befahren werden. Die Beschädigungen an den umliegenden Häusern waren nur ein Bruchteil dessen, was geschehen wäre, hätte der Mann den Befehl zu 100% ausgeführt ... (Bericht über die Verhinderung von Sprengung von Brükken im Gebiet der Donauauen. Österreichisches Dokumentationsarchiv der Widerstandsbewegung.)

*

Um den 11. – oder war's schon der 12. April – rasselt's auf einmal. Ich lug hinaus. Tatsächlich rollt ein russischer Panzer daher. Deckel auf – einer is ausgstiegen, geht zu dem Brückerl und hat's von unten mit dem Stiefel untersucht, ob er sich drübertrauen kann. Er hat was grufen, und sie sind drübergfahren. Es war ein leichter Spähpanzer. Die Russen sind vom Norden runter, wie sich später herausgstellt hat, haben s' Wien in einem Riesenbogen in einer Zange umfangen, in der Südsteiermark hat's begonnen, bis St. Pölten. Vorm Häuserl bleibt er stehn, Deckel auf, MP. Es waren schon Leut draußen. Da bin ich auch raus. Wir haben die Russen gfragt: Wie steht's? Von wo kann noch a Gefahr kommen? Der russische Major hat gsagt, drüber der Donau müßt noch eine SS-Einheit sein. Wir haben keine Zeit ghabt für sie, sagt er. Schon am nächsten Tag ist a russische Einheit kommen und hat rübergschossen ins Augebiet der Donau. Spät nachts is eine Spezialeinheit kommen, abenteuerlich vermummt, wie Dschungelkämpfer. Auf Piniersturmbooten sind s' rüber. 2–3 Stunden war eine mörderische Ballerei, das muß gangen sein bis aufs Messer. Die SS is wahrscheinlich vom Prater her kommen gwesen. Wie s' noch drüben schießen, sagt ein russischer Offizier, am Brückerl liegt ein deutscher Soldat, wir sollen ihn bestatten. Ich kann mich erinnern, ich hab ein' Schuß ghört, kurz bevor der Spähpanzer kommen is. Der Soldat war ein Deserteur, er war ungschickt, is angrufen worden von dem sowjetischen Panzer und is grennt. Einschuß im Hinterkopf. Fliegen sind schon auf ihm gsessen, und vorn war a große Lachen von erstarrtem Blut. Wir haben noch andere gholt und haben ihm die Erkennungsmarken abergräumt. Der hätt gar nimmer weit ghabt, war aus der Tullner Gegend. In Klosterneuburg bei die Pionier war er. Wir rauf zum Pfarrer, wir wollen ihn am Friedhof eingraben. Pfarrer: Is er katholisch? (Im deutschen Soldbuch is kein Religionsbekenntnis gstanden). Grabts ihn provisorisch wo ein, sagt der Pfarrer, das andere kann man später nachholen. Der Offizier ist heraußen gsessen vorm Pfarrhof. Fragt er: Na, was ist? Wir: Er will net! Offizier: Ich laß ihm sagen, er soll ihn eingraben lassen! – Wir haben's ausgricht. Ich hab kein Ministranten, sagt der Pfarrer. Den mach ich, sag ich. Ob ich katholisch bin? Na. Aber es wird schon gehn. Auf ein Pritschenwagen vom Wirt haben wir den Toten raufgführt zum Friedhof. Es war ein vorgegrabenes Grab da, der Totengräber hat wahrscheinlich auf Vorrat g'arbeit'. Einer hat's Vortragkreuz tragen, ich den Weihwedel. Auf einmal is ein Granatwerferbeschuß grad über unsere Köpf weg! Wir haben den Toten aber trotzdem eingraben . . .

SCHWESTERN

In unserm Marchfelder Dorf, da haben wir schon gehört, was Frauen in Wien passiert ist. Drum haben sich im ganzen Dorf die Frauen auf den Dachböden versteckt. Beim B. da waren viele oben, aber weil er tschechisch konnte, hat er die Russen immer gleich weggekriegt, wenn sie nach Frauen suchten. Wir waren die drei Schwestern und die Mutter, wir haben uns bei uns auf dem Dachboden versteckt. Die ersten zwei Tage war nichts, dann sind sie gekommen. Den Vater, der unten war, den haben sie weggestoßen, wie er gesagt hat, es gibt keine Frauen im Haus. Dann haben sie die Fanny gefunden, haben sie runtergeholt, und sie hat geschrien. Da hat die Mutter zur Leni gesagt, die Fanny ist verheiratet und hat ein Kind, geh du. Zuerst hat sie geweint und wollte nicht, aber die Mutter hat gesagt, sie soll nur gehn, weil sie hat die Fanny immer schon lieber gehabt, weil sie hat einen Mann in Wien geheiratet, der gut verdient. Und ich war ja die Jüngste, ich war 18 Jahre damals. Die Leni hat den Russen verständlich gemacht, daß die Fanny krank ist, und sie sollen sie nehmen. Das war denen recht, denn eigentlich war die Leni fescher als die Fanny. Am nächsten Tag sind sie dann wiedergekommen. Die Leni wollte nicht reden darüber. Gottseidank hat man uns dann alle nach Andlersdorf in die Ziegelfabrik gebracht, weil in Andlersdorf war die Kommandantur. Wenn da einer beim Vergewaltigen erwischt worden ist, der ist gleich erschossen wordn. Da haben sie sich nicht getraut. Der Arzt ist auch gleich gekommen und hat die Leni behandelt. Und ein paar Tage später, wie alles wieder ruhig war und wir zurück ins Dorf gegangen sind, da hat sie schon wieder alles arbeiten können.

VOM SCHAF ZUM TSCHIK

Mitte April

Es gab nun kein Schiff mehr, und da überstellten sie uns, ich glaub, es war im Januar oder Februar, von der Marine zur Infanterie. 10.000 Mann etwa waren wir in Stettin, und da sagte vor der angetretenen Truppe dieser Stabsfeldwebel oder was der bei der SS war: „Mit dem heutigen Tag sind Sie beim Dritten Germanischen Panzerkorps.“ Na, da sind aus den hinteren Reihen Steine auf den Stabler da geflogen, aber es hat ja nichts genützt, da waren wir eben. Dieses Panzerkorps war bei der Schlacht von Kurland aufgerieben worden, und wir mußten es wieder auffüllen. Da ich angab, Maschinschreiben zu können, wurde ich dem 1/A zugeteilt und ab ging es nach Ostpreußen an die Front. Dort haben wir 200 russische Panzer bekommen, T34, die haben wir in den Einsatz gegen die Russen gefahren. Obwohl ich der Schreibstube zugeteilt war, mußte ich dann doch auch in einen Panzer, und so haben wir uns kämpfend zurückgezogen bis Stettin. Da waren wir dann im Brückenkopf zwischen Stettin und Küstrin, das war der Frontabschnitt, den wir verteidigen mußten. Da haben wir dann alles mögliche reichlichst gehabt, 200 Tigerpanzer, alles mögliche. Aber wir hatten keinen Sprit für die Panzer, dafür Hafer. Und weiter unten bei Küstrin, da war eine Kavalleriedivision, die hatten Sprit und keinen Hafer. Aber dann ist der Russe schon gekommen, durch, und wir waren Gefangene. Wir wurden wieder nach Ostpreußen gebracht, und dort bin ich zum Strafvollstreckungszug gekommen, weil wir zu dritt ein Schaf gestohlen haben. Ein österreichischer Stabsfeldwebel hat uns den Russen verraten, und da sind wir wegen Diebstahls verurteilt worden. Das heißt, weil wir ein Schaf aus russischem Besitz gestohlen haben, wurden wir zu 10 Jahren verurteilt. Das war allgemein, wennst was ang’stellt hast, hast zehn Jahr kriegt. Der Richter hat übrigens perfekt deutsch gesprochen. Ich weiß nicht, was er war, aber er hat perfekt deutsch gesprochen. Der Stabsfeldwebel, der uns angezeigt hat, der hat übrigens auch zehn Jahre bekommen. Weil er uns angezeigt hat. Der Richter hat ihn ärger hergestellt als uns. Er hatte Brot und wollte Fleisch von uns und weil wir ihm, dem Herrn Stabsfeldwebel, nur Fleisch geben wollten, wenn er uns Brot gab, da hat er uns angezeigt.

Da waren wir in den Sümpfen, ganz hinten in Ostpreußen und mußten Wege durch den Sumpf machen. So mit Holzknüppeln. Eine ganz beschissene Arbeit. Gewohnt haben wir in Laubhütten, und rundherum war Stacheldraht mit Posten und Scheinwerfern, so ein richtiges Straflager. So gegen 5.000 bis 7.000 Gefangene waren dort. Und jeden Tag in der Früh wurden wir gezählt. In die Laubhütten hat es hineingeregnet, das war eine scheußliche Sache. Eines Tages in der Früh sind wir angetreten, schau i, i glaub, i träum, seh ich einen Schulkameraden von mir bei den Russen als Soldat. Der war aus der Beckmanngasse im 14. Bezirk, und wir sind zusammen in die Schule gegangen, in die Kufsteingasse beziehungsweise Spallertgasse. Und der sieht mich auch, hat mich sofort erkannt und macht mir ein Zeichen, und ich hab kein Wort gesagt. Später ist er dann zu mir gekommen und hat gesagt, „paß auf, es kommts alle nach Rußland. Aber ich hab an dem und dem Tag Wache, da laß' ich euch raus. Besorgts euch Rechen und so, wenn ihr ausschauts wie Feldarbeiter, dann kommt ihr bei den Russen überall durch." Und so sind wir dann herausgekommen. Ob er beim Komitee Freies Deutschland war oder schon in den Dreißigerjahren nach Rußland gegangen ist, weiß i net, zu einem Gespräch haben wir keine Zeit gehabt.

Wir haben uns dann nach Westen durchgeschlagen, ab Stettin ist es leichter gegangen, weil wieder alles in Bewegung war. Die Besatzungszonen sind dort geändert worden, die Engländer ein Stück zurück, die Russen ein Stück vor, das gab Verwirrung, und das war gut für uns. Trotzdem haben wir dort einen von uns verloren. Nie wieder etwas von ihm gehört. So sind wir bis in die Gegend von Lübeck gekommen. Wir haben uns gerade über die schönen langen Tschiks der Engländer gefreut, als wir prompt Hopp gingen: die Engländer haben gesagt, „Tschikarretierer, das sind bestimmt Wehrmachtsangehörige auf der Flucht“. Und da waren wir wieder in einem Lager, aber nicht lange. Nachdem wir uns ein bisserl angegessen haben, sind wir wieder stiften gangen und mit Eisenbahn, zu Fuß und per Anhalter nach Wien.

*

Na ich war damals in New York, wir waren begeistert in unserem Österreichkomitee, als Wien befreit wurde, aber gleichzeitig sehr traurig, denn Roosevelt starb damals gleichzeitig, und wir hatten Angst, es käme kein wirklicher Friede, sondern ein Konflikt zwischen den Großmächten. Das war sehr tragisch damals. Ich war einer der wenigen, die entschlossen waren, die erste Möglichkeit, die es gab, zu nehmen, um nach Österreich zurückzukehren. Viele der Flüchtlinge waren aber nach all den schlimmen Erlebnissen der Meinung, daß nach der Hitlerzeit aus dem Land nichts wird, und wollten deshalb bleiben.

WAS AM NEUBAU ALLES LÄUFT

In den letzten paar Tagen vorher, wie man gewußt hat, die Front kommt immer näher, gab's in unserm Grätzl in der Burggasse einen Bäcker, der hat am Tag eine Viertelstund oder eine halbe Stund lang Brot ausgegeben, aber man hat nicht gewußt, zu welcher Tageszeit. Aber die Leute haben's trotzdem gewußt. Ich war auch dort, ich hab die eineinhalb Gassen weit von Haustor zu Haustor

Unterstand gesucht, da hast du ein paar huschende Gestalten gsehn, oben hat's gekracht, und wenn's einen Moment still war, bist weitergrennt – man entwickelt ein Gespür dafür, ob die Ruhe echt ist oder ob's gleich wieder kracht. Du kannst unglaublich weit kommen in ein paar Sekunden. Beim Bäcker waren die Leut angestellt, aber nicht unterm Haustor oder in der Einfahrt, wie's ja gescheiter gewesen wär, sondern außen, direkt auf der Gasse, das Brot war wichtiger als die Gefahr, und es hätt sich einer vordrängen können, – und so hat sich die Menschenschlange unter freiem Himmel aufgestellt, am Himmel oben war ein richtiger Luftkampf wie im Kino, man hat richtig gesehen, wie einer Feuer fangt und abtrudelt, brennend und immer wieder explodierend, mit einer dicken Rauchfahne hinter sich abtrudelt, und dieser Absturz ging viel langsamer vor sich, als man meinen könnte, daß ein Flugzeug abstürzt, es war beinah wie eine Show, und man ist gestanden um das Viertel Brot und hat nur abgeschätzt – ist der weit genug weg, wenn er herunterkommt. – Er war weit genug weg, und ich hab ein Viertel Brot erwischt, eins von den letzten, die Schlange hinter mir hat sich murrend aufgelöst und ist heim in den Keller gerannt, und zehn Minuten später ist dort, wo die Schlange war, eine Fliegerbombe ins Pflaster gangen, keine große, und wir haben uns nicht einmal sonderlich aufgeregt, wie wir's erfahren haben.

Am letzten Tag hat der Bäcker nimmer aufgsperrt, und am Siebensternplatzl hat's Himbeersaft gegeben, und ich hab einen geholt, man hat ja nicht gewußt, wie lang der Kampf um Wien dauern wird, und vom Himbeersaft kannst vielleicht auch eine Weile leben – also, und wie ich zurückkomme mit dem Himbeersaft, war unsere Gasse, die Neubaugasse, schon unmittelbar Kriegsgebiet, das heißt zwei oder drei deutsche Soldaten mit Stahlhelm haben an den Hauswänden die Neubaugasse entlang Feldtelephonleitungen gelegt, und mein Vater ist zu ihnen hingegangen und hat gesagt: Schmeißts die Uniform weg und kommts zu uns, ich geb euch ein Zivilgwand von mir – und hat ihnen sogar die Hausnummer und die Türnummer gsagt. Was genau betrachtet ein Wahnsinn war, weil er hätt ja an die Falschen kommen können, aber mein Vater hat geglüht wie ein Friedensengel – und die Soldaten haben ihn nur kurz angeschaut, als gäb's das gar nicht, und haben weiter Telephonleitungen gelegt, und dann hat's irgendwo gekracht, und wir sind bei uns im Keller verschwunden. Und das ganze war irgendwie auch komisch, denn mein Vater war klein und zart, und die Soldaten waren große, kräftige Männer, denen hätte das Gewand von meinem Vater bestimmt nicht gepaßt. Es ist dann auch keiner gekommen. In der Nacht war dann das große Gepolter, wir haben im Keller geschlafen, und der Lärm von oben war anders als sonst, das waren keine Bomben, das war das Rasseln und Rollen von schweren Panzern, und Gewehrknattern, unser Keller war ja nicht tief, die Kellerfenster gingen halb nach draußen. Und in der Früh ist die Frau, die uns noch zwei Tag vorher aus „Mein Kampf" vorgelesen hat, und die sich mit dem Hackel hinter die Tür hat stellen wollen, von draußen gekommen, wieso die als erste draußen war, weiß niemand, und ist bei der Kellertür hereingestürzt und hat gerufen: „Die Russen sind schon da, also die san sooooo liab!"

Wir sind dann auch gleich hinaus, aber da war nix, die ersten Trupps waren schon vorbei. Ich bin zur Burggasse vorgerannt, und dann links bei der Hermanngasse hab ich die ersten Stahlhelme liegen gesehn und zerbrochene Gewehre mit zersplitterten Kolben. Aber Soldaten gab's nirgends, weder solche noch solche, und das war ein merkwürdiges Gefühl, es war irgendwie so, als ob die Zeit stillsteht. Ich bin wieder vor, und da hat man schon Pferde wiehern gehört, und dann sind die Panjewagerln gekommen, und kleine Männer mit Mongolengesichtern sind darauf gesessen, ein paar mit spitzigen langen Schnurrbärten, und haben uns angegrinst, aber sie sind nicht stehengeblieben, sondern durch die Burggasse weiter hineingefahren zum Ring.

Und zwei oder drei Tage später, oder vielleicht schon am nächsten Tag, genau weiß ich das nicht mehr, war vor der Stiftskaserne ein Heerlager von Panjewagen und Stroh und Pferden und Soldaten, und um diese Zeit, es war noch nicht einmal ganz Wien frei, glaub ich, war dort ein Platzkonzert. Wer dort gespielt hat, weiß ich nicht mehr, vielleicht waren's Russen, vielleicht waren's Wiener, aber was ich noch genau vor mir seh, ist der Edmund Eysler gewesen, der Operettenkomponist, es ist gesagt worden, daß er sich versteckt ghabt hat, weil er Jude war. Er ist, glaub ich, auf einem Stockerl oder jedenfalls erhöht gestanden, ein sehr kleines Manderl, mit weißen zerzausten Haaren, uralt und selig, wie aus dem Untergrund aufgetaucht, und hat unter einem himmelblauen, zerzausten Wiener Frühlingshimmel seine Polkas und Walzer dirigiert.

REQUIRIERT

14. April

Die letzten Wochen, also da hat man immer nur die Bomben gehabt. Bist immer im Keller g'wesen, da war die Benzinfabrik (Raffinerie) von Kagran, da war die Lackfabrik. Die Donaufelderstraße von Floridsdorf herunter sind alle Fabriken bombardiert worden und die Häuser drumherum. Am Anfang bin ich noch hintaus auf die Felder gelaufen, da war so eine Höhle. Da hab ich die Bomben herunterkommen g'sehn. Nachher bin ich doch in Keller gangen. Und ein oder zwei Wochen vorm Ende, da ist vorne noch die Bombe reingegangen. Wir haben alle bet't, daß die Russen bald kommen, daß wir's noch überleben.

Wie die Bombe in'n Vordertrakt rein ist, na das hat nur so g'scheppert und g'wackelt, und 's Licht war auch aus. Wir war'n im Keller vom Hintertrakt. Wie wir rauskommen sind, da war alles voll Staub, wir haben gar nix reden können, wir haben nur dumm g'schaut: Der erste Angriff, der war auf die Benzinfabrik, der war der Ärgste. Die Kosak, das war die Fleischhauerin von Kagran, die war unterwegs in der Donaufelderstraße, ist ein Angriff gekommen, sie in einen Keller, na, sie hat's nicht überlebt. Und das Fünferhaus am Kagranerplatz, mein Mann hat dort sein Geschäft gehabt, gleich neben der Polizei, da ist auch eine Bombe reingangen, da waren viele Tote. Viele.

Wie die Russen gekommen sind, bin ich oben im Garten gewesen. Und wie ich runter kommen bin, da waren die Russen in der Wohnung. Die haben mich nicht mehr reingelassen. Aber nicht einmal ein' Nagel haben sie mir gestohlen. In die Kuchl konnt ich gehn, aber schlafen nicht. Nach, ich weiß nicht, einer Woche, vierzehn Tag, sind sie wieder weg. Aber sie haben nichts genommen. Die waren als Kampftruppe dort einquartiert.

FRÜHLING

Das war damals, wo s' noch überall gschossen haben. Aber man war neugierig und is schaun gangen, ob die Bekannten noch leben. Und am Geburtstag von meiner Mutter, das war am 9. April, war ich so frech, daß ich Blumen auftreiben hab wollen. Ich hab gwußt, es gibt keine, aber ich habe mir denkt, vielleicht gibt's doch welche. Ich hab a Blumenfrau kennt, von früher, die hat immer alle möglichen Blumen ghabt, sogar im Krieg, wann niemand was Gscheites ghabt hat. Wie sie das gemacht hat, weiß ich net. Sie war halt besonders tüchtig. Wie ich da mit ein Stahlhelm, den ich wo gfunden hab, am Kopf, die Wänd entlangschleich zur Blumenfrau, seh ich, sie hat offen. Sie hat mich sehr erfreut begrüßt, und ich hab gsehn, da sind schon Büscheln mit Leberblümchen gstanden und Primeln, a paar. Und ein paar Zweige im Wasser. Und ein Schippel Laub. Wie ich so steh und red, kommt eine Kunde herein. Die hat ein' Kranz wollen. Haben Sie schon Kränze? hat sie gfragt. Und die Blumenfrau: Haben S' ein' Toten? Kunde: Nein, wieso? I frag nur! – Blumenfrau: Wieso? A jeder kann heut ein Toten haben. Aber wann Sie kein' Toten haben, dann kriegn S' kein' Kranz! Stelln S' Ihnen vor, es hat wer ein' Toten und braucht ein' Kranz. Dann steh ich da. Wozu brauchen S' denn ein' Kranz, wann S' kein' Toten haben? – Ich brauch einen Kranz, sagt die Kunde. Sie hat nicht gesagt wozu. Ich weiß bis heut nicht, wozu sie ihn braucht hat. Aber sie war hartnäckig: Ich brauch trotzdem ein' Kranz! Blumenfrau: Bittschön, machen kann ich Ihnen einen. Aber ich hab nix da. Da müßten S' mir Blumen bringen oder Reisig oder Laub. Da haben S' eine Scher', gehn S' in nächsten Park, schneiden S' was ab. Sogar die Leut, die ein' Toten haben, müssen mir die Zweig bringen. Wo kämert ich denn hin, ich krieg ja nix geliefert, ich kann doch net selber wegen jedem Toten Laub schneiden gehn! Man kriegt ja keine Leut! – Ich weiß nicht mehr, ob die Dame die Schere genommen und der Blumenfrau Laub gebracht hat. Ich jedenfalls hab's gmacht. Denn die Blumenfrau hat keine Leut ghabt und hat fürs Laub und Reisig in Lebensmitteln zahlt. Sie war sehr tüchtig! Sie hat die Konjunktur ausgnutzt und warum nicht! Es hat ja wirklich viele Tote geben. Und die Leute sind ihr Laub schneiden gangen, die Kunden, in Park, und ich war dann auch später schon am Satzberg Laub schneiden. Und später haben wir dann die alten Drahtgestell von die verwelkten Kränz auf die Friedhöf gesammelt und ihr verkauft. So haben wir uns halt alle miteinander durchbracht, und aufbessert . . .

GEBURT EINER ERINNERUNG

Also du hast mir erzählt, wie du fünf Jahr alt warst, und das war Anfang 1945, und das war bei der Vorortelinie, dort sind Panzer gestanden. Und da hast du erzählt, du hast a kleine Freundin ghabt, und daß ihr immer . . .

Na, paß auf, es war genau dort bei der Hernalser Hauptstraßen, bei der Brücke. Weil mir das Bild des Panzers und des drinnen Spielens sehr vertraut ist. I kann mich nur an diese Luken erinnern, weißt, und da hat ma dann so außergschaut, und . . .

Die Panzer sind auf der Straßen gstanden?

Ich weiß nur, daß i damals noch net in die Schul gangen bin, also muß es – war es, bevor ich sechs Jahr gwesen bin – und i bin 1939 geboren. Die waren net kaputt, gar nix. Jaja, der Deckel von die Panzer war offen. Und das war irgendwie – i kann mich noch erinnern, jetzt, ans Hineinsteigen, weißt, das war so a bissel a Kraftprobe natürlich. Weil ma konnte ja außen am Panzer auch herumgehen. Oben. Ich kann mich nur an das Mädchen erinnern, also wir zwei sind immer miteinand gangen. I bild mir ein, daß es schon so irgendwie war: Laßts das in Ruh – weil die Eltern haben generell ja vor allem Angst ghabt. Also: tuts nix aufheben auf der Straßen und laßts das liegen, und wenns was sehts, nix angreifen und so. Also i bin mir da net ganz sicher. Nur haben wir die Fenster um die Ecken ghabt – das Haus war a Eckhaus, meine Mutter hat das Fenster ums Eck gehabt, infolgedessen hat s' das auch nicht gsehn. Und von dem Kind die Mutter, die war immer in der Arbeit. I glaub, die ist dann am Abend zhauskommen. Und das einzige, was ich nimmer genau weiß – und wie weit dann die Phantasie durchgeht – das hat mir mein Vater bestätigt –, daß ich aus dem Panzer rausgangen bin, um die Ecken, weiß ich, so fuffzig Schritte, und der dann losgangen is. Und den Knall hat man ja ghört. Und ich hab mir eingebildet, ich war in der Hauseinfahrt und bin umgfallen durch den Knall. Also das weiß ich nicht, wieweit das Phantasie, verstehst, war, Schreck war und Phantasie – und das war sehr laut, wie laut das wirklich war, weiß ich nicht, für mich war's damals irre laut. Und von dem andern hab ich überhaupt nix gsehn, weil meine Eltern haben mich ja net hinlassen. Aber jetzt fallt mir noch was ein, jetzt seh ich nämlich noch a Bild, und es stimmt – es sind auch in der Heigerleinstraßen die Panzer gstanden. Ich bild mir ein, an der Luken hat man was drehen können.

Also mir fallt jetzt ganz was Komisches ein. Weil du jetzt von der Frau redst. Da waren – ein paar Häuser weiter – auf der Wilhelminenstraße – Zwillinge. Zwei Brüder. Verstehst. Und jetzt taucht mir irgendwie das Bild auf – die Granaten – daß die zwei Buam – einer von die zwei – dabei war. Und daß der – irgendwas gworfen hat.

Weil jetzt kann i mich irgendwie an das noch erinnern, so a bissel, so – an den kann ich mich jetzt erinnern – an die zwei Buben. Aber denen is nix passiert. Nur das Mädchen war tot. Einer war da. Der war draußen. – Ich seh den jetzt so vor mir – klein war er – und der andere, sein Bruder – nur haben sie sich überhaupt nicht ähnlich gschaut – und die sind, wie s' groß waren, sind die ausgwandert nach – Amerika. Aber ich erinner mich, daß die Mutter das fürchterliche schlechte Gwissen ghabt hat, daß ihr Kind am Leben is und das andere Kind tot, also darum is das so verschwiegen worden.

Granaten oder eine Panzerfaust oder sowas ist herumgelegen – das vermut ich jetzt sogar. Daß es so war. No, die Granatsplitter vor allem an das kann ich mich erinnern, daß wir die immer gsucht haben im Boden. Stimmt das, daß das so glitzernde Gebilde waren, so scharfkantige, komische, – und die sind überall herumglegen. Ich seh die heut noch vor mir: ich könnt's dir aufzeichnen, wie die ausgschaut haben. Die waren so gschliffen und – und glitzert haben s', man hat sie ja nur gsehn im Boden, weil s' glitzert haben. Am Wilhelminenberg ist ja eine Bomben reingangen, und ich bild mir ein, im Fuchsenloch auch. Wenn man von der Sandleitengasse – da kam dann der Gemeindebau und da waren so – wo der Pampam-Markt jetzt ist – weißt, und da waren so Schrebergärten. Und die Schrebergärten sind ein bisserl höher gelegen auf der Böschung da – nicht hoch – vielleicht einen Meter – auf der Böschung waren immer diese Granatsplitter. Ich bin so gangen mit meiner Mutter und hab immer so gschaut. Weil das halt so schön glänzert war.

Ich weiß jetzt auch, daß immer wieder Sachen vorkommen sind, wo Kinder was ausgegraben haben, und das ist dann explodiert. Und vor allem in den Gärten. Ich kann mich an so Schauergschichten – vielleicht haben s' mir das auch nur erzählt – einem hat's den Arm weggerissen – aber ich glaub schon, daß das . . . ich glaub, das hat man ja lang auch noch nach dem Krieg . . . Aber das mit dem Panzer und daß der was gworfen hat – bin ich jetzt fast ganz sicher. Ein bissel älter als ich war er. Sogar mindestens ein Jahr älter. Und ich erinner mich jetzt auch an die Panzer, die in der Heigerleinstraße gstanden sind. Und da kann ich mich schon erinnern, daß man uns immer gsagt hat, wir sollen nicht hineinkräuln. Aber die Buben – verstehst –, a Fünfjährige tut das ja net – das überleg ich jetzt auch, weil weißt, es war so: wir Mäderln sind auch so stark und so mutig und so, an das kann ich mich irgendwie erinnern, und da war noch – irgendwie seh ich a Puppen vor mir, es war net meine, glaub ich – Alarm haben wir gspielt, und so. Ja, sicher. Sicher. Ganz sicher. Also – es gab gar keinen andern Grund, wir sind in den Panzer hinein, mitsamt der Puppen natürlich –. Ich seh jetzt so – also daß wir irgendwie drinnen waren und die Buben waren draußen. Die Buben waren oben am Panzer, das haben wir von der Luken aus gsehn. Und wir waren drinnen. Ich vermute, daß mich wer grufen hat. Weil ich raus bin. Du hast ja nur runtergschrien. Sozusagen, irgendwo wird's schon sein. Und dem Buben is auch nix passiert. Das weiß ich sicher.

A Panzerfaust muß herumglegen sein – oder vielleicht a Granaten, die net losgangen ist – kann ja ein Blindgänger gwesen sein – die müssen s' ja nicht einmal reingworfen haben, können s' einfach draufgworfen haben – wie man's halt macht mit ein' feindlichen Panzer – Ich bin jetzt ganz sicher . . . weil ich irgendwie . . . so dieses Gefühl, daß da noch in der Luft mitglegen ist, daß man – verstehst? –, daß man ihnen, den Kindern, net die Schuld gibt . . .

*

Mei Hannes, den du kennst, der war – wie die Russen kommen san – noja so zwölf Jahr, und da san die Buam – die Erwachsenen haben si verkrochen ghabt – und die Buam san rum, natürlich neugierig – wie die Russen ausschaun und was . . . – is a Stellung gwesen no von die Deutschen, a Maschinengewehr, und da hams die Russen gsehn und ham si hinglegt und ham mit die Maschinengwehr gschossen – die ham das Riesenglück ghabt, daß von der Seite a paar Russen kommen san, die ham gsegn, daß das Kinder san, und ham s' beim Kragen aufghoben und ham s' ihnen Tätschen geben und gsagt: Wo, wo Mutter, du gehn Mutter! – So unglaubliche Dinge san da passiert.

Der hat si scheniert, seiner Mutter zu erzählen, daß er von an Russen a Tätschen kriagt hat.

VÖLKERWANDERUNG

Bei Beginn des Krieges haben wir eine Fuhre Korn übriggehabt. Meine Schwiegermutter hat gesagt, verkaufe diese nicht. Es war gerade, als Hitler in Böhmen eingezogen ist. Damals hat man gesagt, was alles kommen wird

Und da haben wir eine Fuhre Korn in Reserve gehabt. Es war ja immer ein Schüberl Leute da, 10–12 Personen. Und da haben wir alle 14 Tage 20 Laib Brot gebacken. Wie die Völkerwanderung 1945 da war, haben oft 30–35 Menschen im Stadel übernachtet. Wir haben Suppe gemacht und ein Stück Brot dazu gegeben. Und was für ein Glück man hatte, das Dach über dem Kopf und etwas zu essen. Es sind oft Kinder und alte Menschen dabeigewesen, jeder wollte zugreifen. Da ist man schon glücklich. Es ist sich ausgegangen, daß wir immer was gehabt haben. Erdäpfel hat man im Herbst sortiert für den Samen, und dann hat man genug gehabt, bis die frischen gekommen sind. Und dann hat man helfen können.

*

. . . wenn einer gfragt hat: wo könnt' ma denn da schlafen, da hat aner gsagt: Dort is a Frau allan, gehn S' hin, aber sagn S' net, daß i Ihnen gschickt hab – und a anderer wär boshaft gwesen, der hätt uns in a Haus gschickt, wo Russen warn. Die Frau hat gsagt: Wer schickt euch denn? – hammer gsagt: Na niemand, wir ham's halt probiert. Da san ma bliebn, auf aner harten Bank hammer gschlafen, da hams – so war des: im Ort warn so Kisten, was der Wehrmacht no ghört hat, und da hams rausgschmissen, was nimmer weiterbefördert ham, so gwöhnliche Waschbürsten, und des hat ma sich holen können – und da hab i mir halt so a Sackel Bürsten gholt, i hab mir denkt, i werd s' schon irgendwo brauchen können . . . und wie i nach Wien gangen bin, hab i halt so 5, 6 Bürsten eingsteckt. Und für zwa Bürsten hab i dort auf der Bank schlafen dürfen. Und in der Früh sind ma dann zu zweit durch die Felder – is dort ausn Kornfeld a Kopf außerkommen und auf der Seiten hat eine außergschaut: San scho die Russen dagwesen? Haben wir gsagt, wir haben no ka gsehn – also bei uns war der liebe Gott, weil hinter uns habn s' die, die da außergschaut ham, alle zammgfangt dann, hams nach St. Pölten gführt zu Aufräumungsarbeiten, und zwa Tag später hams dann zausfahren dürfen.

HEIMKEHR

Mein Mann ist ja da zu Fuß von Düsseldorf oder von wo hereingekommen, er is zu Fuß gangen. 2.000 Kilometer. Also der Vorgsetzte hat gesagt, es hat kein Zweck, jeder soll schaun, daß er nach Haus kommt. Draußen war ja bis 8. Mai noch Krieg. So is er halt zu Fuß gangen. Dann hat ihn wo ein Neger gfangt. Schon war er in einem amerikanischen Gefangenenlager. – Jedenfalls hat er in der Nacht den Mut gehabt, sich durchzurobben – er hat a immer gschaut, daß kein Scheinwerfer is – und unterm Gitter durch – wie er draußt war, hat er gschaut, daß er hinter ein Heuhaufen hinter ein' Bauern sein Haus verschwindt, in der Früh hat er dann gschaut, ob er hinein kann, die haben ihm gsagt, er soll schaun, daß er weiterkommt, weil ihnen wirds Haus anzunden, wenn s' ein deutschen Soldaten beherbergen. Da hat er nur um Gwand gebeten – hat er kriegt –, ein Rock und a Hosen, und a Schaufel hat er gnommen, und so ist er halt meistens bei Nacht gewandert, und bei Tag hat er sich irgendwo versteckt. Unterwegs hat er so wehe Füße ghabt, da hat er bei einer deutschen Familie können vierzehn Tag bleiben, die haben ihm die Füße halt voller Wunden und Blasen ausgeheilt, dann is er wieder weitermarschiert. Immer hat er wo gfragt, hätten S' ein bissel eine alte Suppen – na und meistens hat er halt a bissel was dazukriegt und hat übernacht, wie's einmal von der Front weiter weg war, war's ja leichter. Wenn s' ihn erschossen hätten, i hätt nie mehr ghört, wo er war und wo er is. Die hätten ihn eingscharrt und aus, net?

Ich hab immer schwarz gehört, denn vom Inland hat man ja die Wahrheit nicht erfahren. Ich habe den Franzosen, den Engländer, den Amerikaner, den Russen gehört. Ich habe alle Sendezeiten gewußt. Wie der Krieg aus war, hat der Vater gesagt, eine Gaudi ist es mit dir, wie alles vorbei war, habe ich nichts mehr gewußt, um kein Radio hab ich mich mehr gekümmert. Jetzt weiß ich nichts mehr, und früher hatte ich alles gewußt.

*

Schon vor der Ankunft, noch am jenseitigen Donauufer, sieht ma s', die Heimatstadt. Was is jetzt, denkt ma sich. Erste Straßenbahnschienen erscheinen, Stammersdorf. Auf einmal sixt: Straßenbahner! Du kennst es glei an die blauen Uniformen mit die roten Streifn. Die san mir so schön vorkommen nach die ewigen grauen Uniformen. Und was tuan die Straßenbahner? Es fahrt ka Straßenbahn, es fahrt nix. Aber Straßenbahner in schönen Uniformen, da knien s' auf der Erd und zupfen Gras aus dem Pflaster zwischen die Schienen, wegen der Schönheit. Wahrscheinlich weil das Unkraut sonst die Staner sprengt, und das derf net sein.